U0013720

找回深度專注力

43個科學化技巧，使你1小時的價值，高過他人1萬倍

井上一鷹　著

專家深度推薦！

Ada ｜筆記女王

瓦基｜閱讀前哨站

亨利溫｜個人品牌行銷講師

柚子甜｜心靈作家

張永錫｜時間管理講師

愛瑞克｜《內在原力》作者、TMBA 共同創辦人

劉奕酉｜鉑澈行銷顧問策略長

歐陽立中｜ Podcast 節目「Life 不下課」主持人

「想提供工作績效，你一定要懂得如何凝聚專注力，而這本書可以幫助你！」——個人品牌行銷講師／亨利溫

「我的專注力變得很差。」

「之前做事情時明明都可以更投入……」

本書正是為所有在不知不覺間失去「深度專注力」，

卻不知道原因出在哪裡的人而寫。

我們現在一天花在手機和電腦上的時間，
平均達到11個小時。

在這裡想先問你一個問題：
「你覺得專注力重不重要呢？」

當然重要，
而且是「必要」。
但是，絕非已經「夠用」。

本書就從這裡切入正題。
這本書，並不單純只是「教人如何掌握專注力的工具書」。

從腦科學的角度來說，

如果是被交代的工作，只能持續不到四個月；

自動自發想做的事情，則能夠持續四年之久。

你一定曾有沉浸於某件事，無法自拔的經驗。

那一定不是別人叫你做的工作，而是你自己想做的事。

那種感覺就是「深度專注」。

本書正是教你透過改變思考找回「深度專注」的「決策之書」。

前言：為什麼我們現在需要「專注」？

「人在一天之中只能專注4個小時。」

以一萬小時定律聞名的心理學家安德斯．埃里克森（Anders Ericsson）曾如此說過。

聽到這句話，你心裡恐怕會冒出一個疑問：

「在這個時代，還有人可以一天專注4個小時嗎？」

詳待後述，我目前正在透過能測試人類專注程度的「JINS MEME」智慧眼鏡，進行「專注力」的相關研究。

結果顯示，有84％的人一天能專心的時間根本不到4個小時。

就連為了提高專注力而主動購入智慧眼鏡的人，也是這個比例。實際的情況一定更糟糕。

微軟的加拿大研究團隊也在二〇一五年發表了一個更具衝擊性的研究報告。

「現代人的專注力無法持續8秒，比金魚的9秒還低。」

這一度蔚為「人類的專注力輸給金魚」的話題。根據該研究，人類專注力的持續時間，在二〇〇〇年時還有12秒左右。

但隨著電腦跟手機的普及，**人們能專注在一件事情上的能力不斷下滑，到了二〇一三年則只剩下8秒的專注力。**

你是不是也在閱讀這段文字的期間，不停地想到別的事情去呢？

這正代表我們「專注思考一件事情」的能力正在變弱。

應該有許多人都聽過「正念」（mindfulness）這個詞彙。

它源自在日本發展出的「禪」的思想，在美國西岸為中心的科技業內經過重整，因受到蘋果執行長賈伯斯的採納和Google內部的「尋找內在自我（Search inside yourself）」等活動而一躍成名。

簡單統整「正念」，大致如下述：

「在資訊社會中，超量的資訊進入腦海，導致人們的注意力容易渙散。因此，人們也逐漸做不到身而為人的重要深度思考。所以我們要屏蔽資訊，向能夠深度專注的代表性人物（和尚）學習冥想的方法。」

現代人總是習慣透過**「手機／電腦」**，**「即時使用通訊軟體／電話／郵件」**，**「直接和同事／合作對象／家人／朋友對話」**。

但是我們知道，人類的大腦無法同時處理兩個以上的課題。

電腦的大腦是CPU，可以讓PowerPoint、瀏覽器和Excel等個別程式進行同步處理，但人類的大腦卻只能一個一個來。

「最讓人無法專心的地方」是哪裡呢？

還有一個很重要的研究結果顯示：

「如果要深度專注思考一件事，會需要23分鐘的準備時間。」

但現代人平均每11分鐘就會收到別人的訊息，或是聽到信件跟通訊軟體傳來的聲音，連這專注前的23分鐘準備時間都會受到威脅。

根據我們的研究，還有一個更令人衝擊的事實：

最讓人無法專心的地方，其實就是「辦公室」。

會妨礙我們專心的，主要就是「同事」跟「手機」，這讓我們無法在辦公室獨自對工作進行深度的思考。

人類的大腦明明無法同時處理兩個以上的問題，日本卻忽略這個課題，而是莫名強調「減少工作時數」，在這幾年持續推行無關痛癢的「勞動方式改革」。

工作的產出，來自「時間×效率」。

但大家卻只是將時間數據量化，單純討論「這個月有誰加班到45小時以上？」之類的問題。

然而，**每個人的「時間」絕對不會是等價。**

Google前工程與研究副總裁艾倫・尤斯塔斯（Alan Eustace）曾說過：

「一流的工程師，能創造出普通工程師三百倍的價值。比爾・蓋茲還說得更誇張，他說優秀的軟體工程師，能創造出一般工程師一萬倍的價值。」

也就是說。**某個人一個小時的價值，有可能是其他庸才的一萬倍以上。**

這也可以在個人的身上獲得驗證。

例如，我一直以為自己是夜貓子，在二十幾歲的時候很愛四處跑；結果做了基因檢測之後，才知道我的基因是屬於晨型人。

我自己試著測試了一下，發現自己在早上的時候確實比較容易專心。

根據這個結果，我早上一小時的創造力會是晚上的三倍，所以我應該將需要用頭腦思考的工作儘量安排在早上解決。

實際培養這樣的習慣後，我不但提升了工作效率，也一併減少了加班的時間。

也就是說，工作的成果其實跟時間管理，以及**「如何控制專注力」**息息相關。

人類的第三種「幸福」是什麼呢？

關於專注力的研究，其中最為知名的，就是心理學家米哈里．契克森（Mihaly Csikszentmihalyi）研究中所定義的專注的極致——「心流」（Flow）。

根據其研究，**藉由達到接近忘我的專注（心流體驗），人類可以得到難以言喻的滿悅感。**

心流體驗的研究，也被稱為繼「意義」與「快樂」之後，「追尋人類第三種幸福的研究」。

「成就有意義的事情可以獲得幸福。」

「擁有快樂就是幸福。」

相信誰都有過這兩個經驗。

只要能達到心流，姑且不論「意義」與「快樂」，光是靠「專注」的狀態就能獲得幸福感。

正在閱讀本書的各位，或許已經想到了什麼。

不管是誰，**都有在孩提時代埋首於某件事中忘了時間，度過快樂時光的經驗。**

長大之後，應該也有埋首在自己的興趣或工作之中，時間不知不覺就過去的經驗。

在這種時候，即使不需要目的，也能獲得幸福感。

如今這個時代，光是要追上飛快的經濟成長就已經很困難。

藉由和他人比較所得來的幸福感，也已經變成少數人才擁有的東西。

但是，只有「專注」不一樣。

就算不跟別人比較，只要能埋首於眼前的事物之中，光是這樣就能獲得幸福感。

因此，**專注能夠幫助我們脫離和他人之間的比較，是讓自己獲得幸福的必備基礎能力。**

不過，就如同前面一開始所提到的，這種創造忘我幸福時光的「**專注力**」正在下降也是事實。

「專注的幸福」受到威脅的時代

前面提到了同事與手機會妨礙我們專注，不專注的話就無法提升效率，也就無法感受到幸福等話題。

二〇二〇年的新冠病毒危機更觸發了工作方式的變化，讓我們進入了一個專注力的「根基」受到動搖的時代。

在這個時代，因為遠距工作與環境變化，我們無可避免地必須面對「無法專注」這個事實。

回顧以前的工作方式，可能是像這樣：

「大家9點就進辦公室，每11分鐘就跟同事講一次話，一邊調整工作的進度。」

這樣的辦公場景在過去是理所當然。

不過，接下來所有的組織都會以不同的速度發生變化（有些公司可能連1％的改變都還沒做，但有些公司則會做出99％的改變）。

重點是，現在仍有很多公司是「連1％的改變都沒做，繼續使用和過去相同的工作方式」。

如果你進到的是這樣的公司，你可能沒想太多就「選擇了一種不用自己做選擇的工作方式」。

但在接下來的時代，如果你還是這樣消極，覺得工作方式就只有這種選擇，那你就大錯特錯。

你應該列出前提，思考自己工作方式與生活方式的立場：

「我會受到什麼樣的影響？」

「我該如何自處？」

「什麼樣的工作技巧比較重要？」

這些你該思考的事情，其實也是**「創業時該追求的技巧」**。

做著自由度更高、能自我選擇、更有彈性的工作的，正是那些創業家與自由工作者。

而即使是上班族，也必須要學習這樣的態度與相關技能。

也就是說，這是個**「如果想換取自由，沒有人能代替你做出正確決定」**的時代，我們該用什麼態度來面對相當重要。

在本書中，將提到這個自由度大爆炸時代的重要議題：

- **透過專注力脫穎而出的方法**
- **如何靠自己創造自由的工作態度**

透過生理數據的驗證，以及與先驅們對談的內容，書中將向你介紹**「從今天起就可以開始實踐的事情」**。

超過1萬人的數據告訴我們的事

恕我自我介紹得有點晚，我在JINS眼鏡公司負責JINS MEME[註1]這種量測專注力的智慧型眼鏡技術開發．事業開發，並推進相關研究。

我們持續解析生理數據，與心理學、腦神經科學及眼科等，以及與工作方式相關的經營學、社會科學等領域的大學教授及民間研究組織攜手進行研究。

在近期，我也參與**「以此研究數據為基礎，研究如何整備能讓人更加專注、帶著好心情工作的環境」**的計劃，成為負責空間設計規劃與提供體驗價值服務的「Think Lab」公司的總監。

我們的強項，包括我們擁有「以研究為基礎的量化觀測數據」，以及在真實職場「實踐工作改革方針的技術」。

根據從超過一萬人蒐集得來的專注力數據，我們和先進組織的人事行政相關人士進行討論，嘗試了多種方針，持續進行研究。

特別是針對許多企業的軟（人事制度・溝通工具）硬體（空間・設備），我們分析了專注相關數據與問卷的結果，儘可能以宏觀的視野，在數十間公司反覆進行了與新時代工作環境相關的實證實驗。

持續前述活動的同時，我們在大約五年前便開始參加工作改革、人力資源科技（HR Tech）及正念等各領域的相關研習和研討會，不斷蒐集各種論點。

相信不管在哪個領域，在審視一個技術**「是否能加以量化，並使其成為一項可實踐的技巧」**上，我們都能洞察先機。在您閱讀本書的同時，也敬請期待這一點。

圍繞專注力的「某些疑問」

二〇一七年左右，承蒙各種活動與媒體的愛戴，有許多人開始稱我為「專注力專家井上先生」。

到目前為止，書中已經透過各種情境點出下面這件事：

「隨著資訊化社會發展，專注力持續受到威脅。如果人類無法專注，就無法創造新事物，也就無法進一步獲得幸福。」

正巧，在二〇二〇年爆發了新冠肺炎疫情。

藉由這個契機，世界有了這樣的可能性：即使自由選擇時間（Time）．地點（Place）．場合（Occasion），人們也能在一定程度上完成工作，甚至還能變得更有效率。

也就是說，**「得以換回自由，沒有人會替你決定怎樣做才是對的」**的時代必定會到來。

在自由度與多樣化的選項突飛猛進成長的進程中，諸如智慧型手機的出現等，早從數年前就敲響的**「專注力持續受到威脅」**的警鐘，更以猝不及防的速度擴散。

於此同時，我也對自己過去在各種情況下，帶著九成把握說過的「專注力很重要」這句話，抱持**「某種違和感」**，但又無法用言語來表達。

雖然前面都在寫跟「專注」有關的事情，然而：

「光是擁有專注力，其實還是不夠的吧？」

「如果缺少自我管理的方式，難道真的什麼也做不了嗎？」

我的腦海中自始自終離不開這樣的疑問。

為什麼只有「專注」還不夠？

「專注」這個詞，雖然讓人感覺方便又好表達，但卻會為專注所能表現的領域設下「界限」。

其實，接下來才要講到本書真正的課題。先講結論的話，專注的更高等級就是

「沉浸」。

因此我們在團隊裡開啟了這樣的討論。

要說「專注」兩個字有什麼樣的感覺，其實背後隱含著：

「（明明就不想這樣做但是）**必須專注才行**。」

像是小孩子被爸媽喝斥「快去念書」的「被動狀態」。

根據我們的研究結果，真正擁有高度專注力的人，並不會有這種「必須專注才行」的被動感受。

有許多這種類型的人不會把工作當成工作，他們無須多餘理由，就能對眼前的一切樂在其中。

本書不僅要告訴你專注於眼前事物的訣竅，還要告訴你如何像創業家或藝術家一樣「沉浸」在其中。

在書中，我將談到重新找回這種超越專注的「沉浸」，也就是「深度專注」的策略。

此外，這也要追根究柢到日本社會失落三十年的課題。

我們所面臨的問題，就是**缺乏「創造新事物的工作」**。

日本企業的惡劣「文化」

我在畢業時進到了外資顧問公司工作。

在那邊，我們是負責為日本大型企業的「新創事業」提供支援。

然而，不管顧問公司透過外部管道描繪出的藍圖有多麼美麗，我們仍意識到：要激發創新是件很困難的事。

因此，我自行加入了一間商業公司，並以開發新創業務為目的，來到現在的JINS從事業務開發的工作。

一直以來，縱觀日本企業的外部與內部，**以目前的狀態來說，要打造出新服務或新商品都相當困難。**

而我也確信，在這樣的基礎之上，**我們的文化難以誕生出「能自行創造高自由度，採取沉浸式工作的人才」**。

在日本無論好壞與否，大公司裡都會有優秀的人才。

大公司也會有大量保留盈餘，且很多企業都會建立創投部門（CVC），但卻不知道該投資在什麼地方，這樣的事情已成常態[註2]。

此外，大多數的企業會在開拓新事業的任務中召募人才。

普遍印象是，只有敢於冒險並取得巨大成功的企業家才能脫穎而出，贏得眾人的矚目與好評。

然而，不管從人、事、物、金錢、資訊等各種角度來看，唯有增加**能在企業內以創業為目標的「內部創業家」人才**，才是復甦國家經濟、再次讓「JAPAN AS No.1」（讓日本成為第一）的最佳捷徑。

在我的個人生涯中，我便是讓自己成為榜樣，藉由激勵日本企業的內部創業，最終得以實現「JAPAN AS No.1」的目的。

其中最大的目標，就是為社會創造活力，並在過程中增加能以沉浸的目光，像玩遊戲般工作的人才。

在這裡遇到最大的障礙，主因正是前面提到的：我們的文化難以誕生出「能自行創造高自由度，採取沉浸式工作的人才」。

在我現在所處的環境裡，光是經營者的意志或是員工的動機，就能**「輕易且理所當然地創造新事物」**。

我希望儘可能增加這樣的環境。

從前面的「專注」講到後面的「沉浸」，以疫情帶來的工作變革為開端，我開始認為這兩者之間存在著強烈的連結。這正是我之所以寫下本書的契機。

反正都要活著，不如活得「主動」

「以疫情為契機，社會迎來了邁向高度自由時代的變革期。在進入穩定期之前，我們要擺脫被動的工作方式，贏得如同企業內部創業家一般的生活。」

雖然從各個角度看來，變得自由都是件好事；但從另一方面來看，背後也隱含了「沒有人能替你做決定」的困難。

在江戶幕府時代的日本，一個人的生活方式基本上都是由出身的氏族、出身階級，以及被賦予什麼樣的家業所決定。

直到幕府末期黑船來航(※)，這樣的根本價值觀才受到動搖。我們目前所處的時代，也正在面臨相似的狀況。

說到幕末，當時只有那些奮鬥不懈的志士受到矚目；而其他大多數人，則是因為無法跟上時代的變化，而在歷史的夾縫中苦苦掙扎著。

我不由得這麼想：在這個大時代的變革期，如果不儘量讓自己成為**「主動的那一方」**，可能就會活得相當無趣。

連結「專注」與「沉浸」

我個人的想法就表述至此，現在，讓我們來整理一下前面說過的內容。

在「必須專注才行」的被動狀態下，一般的上班族很難像創業家或藝術家一樣以「深度專注的狀態」工作。因此，主動進入「沉浸」的狀態就顯得相當重要。

在前言的最後，我將先簡單說明能達成這件事的方法。

- **專注：被動的狀態**

為了響應所屬組織與周遭人們的請求，基於「外在動機」而從事的行為。

- **沉浸：主動的狀態**

並非因為周遭的請求才做，而是深植於自己「內在動機」的行為。

首先請記住這裡的定義。

※一八五三年七月美國東印度艦隊司令佩里率領的四艘軍艦來到日本，向德川幕府提出開國通商要求。

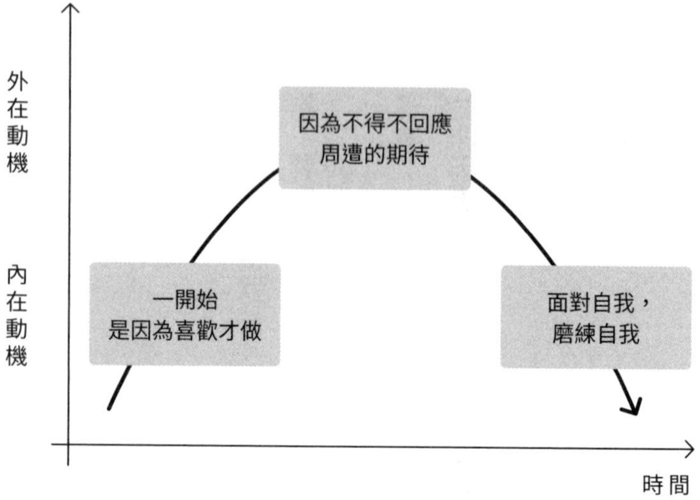

這兩者的差異，就在於「內在動機」與「外在動機」。不管是藝術家或是運動員，都會達到深度專注——也就是沉浸在眼前的事物中。

他們之中大多數人的生涯動機變化，通常如上圖所示。

一開始不是為了回應任何人的要求，單純只是以「因為喜歡足球」「因為覺得彈吉他很帥氣」為動機，而變得沉浸其中，並自動來到將興趣逐漸發展為技能的階段。

很明顯地，這時最大的理由就是「因為我喜歡」。積聚的內在動機，將化為全神貫注撐過眼前訓練的力量。根據情況不同，也有人會被周遭質疑「你做這些事情到底是要幹嘛？」

不過在這之後，只要達到一定的等級，就會開始接收到來自周遭的期待。

這時就會因為受到外在動機的壓力，例如「一定要踏上甲子園才行」「一定要被某間公司物色上才行」，而進到「必須專注才行」的階段。

再來，只有那些達到最高等級的極少數人，才能夠完全脫離外在動機，進入**「面對自我，磨練自我」**的階段。

他們會再次凝視自己的內在動機，打造出只有自己能夠創造的世界。

大多數的偉人在生涯中，都經歷過這樣的故事情節。

找回當初的「沉浸感」

請把自己想像成某位偉人，經歷了上述的三個階段才取得巨大的成就。

1. 開始
2. 持續
3. 鑽研

在這幾個階段之中，對①開始與③鑽研而言，**「透過內在動機讓自己動起來＝讓自己沉浸其中」**都不可或缺。

人若是想成就偉業，重點就在於要從「沉浸」起步，超越「專注」，再來「沉浸」於鑽研。

在經典名著《與成功有約：高效能人士的七個習慣》中，也透過「重要性×緊急性」的象限圖確立了這個事實。

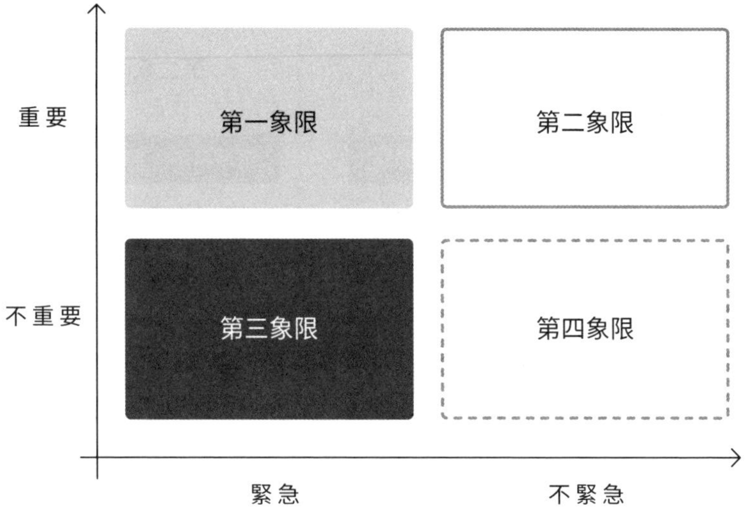

在上圖中，大多數人都會被「第一象限」追趕，而忽略了「第二象限」。

緊急性是由社會、組織、我們周圍的人等外部環境來定義。也就是說，第一象限的動機基本上是外在動機。

這裡需要的能力，是解決已知課題的「問題解決能力」，也就是需要「專注力」。

另一方面，第二象限的「緊急性低的狀態」，則代表外部環境還沒有意識到它的重要性。

外在動機在這裡不會發揮作用。

換句話說，即使你認為這件事很重要，也沒有人會叫你「去做這件事」。

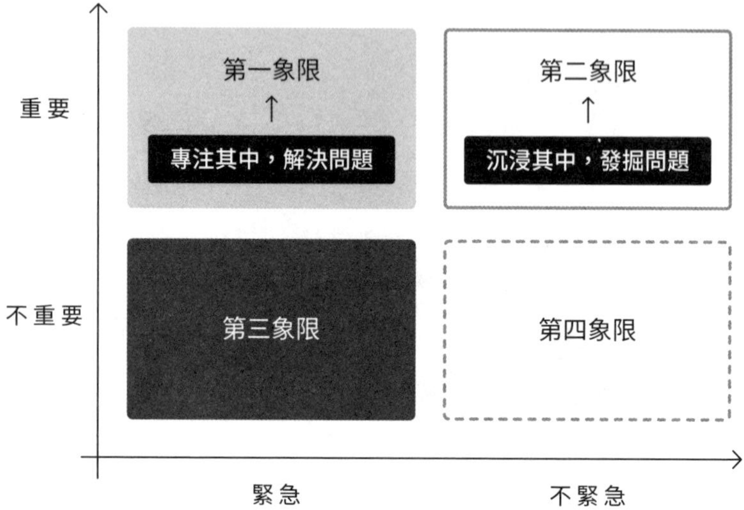

面對這樣的第二象限，我們就必須發揮**「自主發現問題、意識到問題重要性、賦予其意義、面對問題」**的內在動力。

我認為這裡所需要的能力就是「沉浸」。

在未來的世界裡，人工智能等科技將會持續高速發展，對於已知問題的「解決」，大多也將會變得高效化、機械化。

在這樣的世界裡，對從事知識生產活動的人們而言，重新找回針對第二象限的「發現問題的能力」，以及用以發揮該能力的「內在動機」——也就是「沉浸」的狀態，便至關重要。

這意味著：我們必須找回那些無須多說，就能讓我們自動自發的「深度專注力」。

在未來世界裡，主動追求自我沉浸的心態絕對相當重要。這種心態需要我們從專注中去除被動的因子，補足主動的因子。

即使是一般的上班族，將來也不只要解決自己被賦予的課題，還必須要定義自己能夠沉浸其中的課題，並認真以待。

所有追求新生活的契機，盡在本書之中。

就讓我們從這裡開始吧。

井上一鷹

目錄

1／找回「深度專注力」 097

——從「個人可以馬上改變的事」開始

2／找回「讓自己可以專注的場所」

——決定「該在何時、何處工作」

終章／「不受場所拘束的工作方式」能發揮的效果 295

序章

讓你專注在「一件事」上的思考方法

——個人心態與最重要的關鍵字整理

每個人都能「專注」思考的瞬間

「國內的上班族普遍效率很差，產能又低。」

像這樣的輿論，早在新冠疫情發生之前就已經開始。

喊出「改革工作方式」的口號，推動遠距工作、減少不必要的會議等該進行的課題，也早早就被提出。

然而，一直到了二〇二〇年，日本為了防止新冠疫情擴散，發布了緊急事態宣言。這時多數企業才終於不情不願地導入了遠距工作的模式。

首先，讓我們來看看大家在緊急事態宣言下對於工作的「反應」。

根據以下四項要素，個人的課題也會有所改變。

個人課題	常見例子
①家庭結構	・**與家人的地盤之爭** 夫妻相互爭奪用來當作書房的房間。 ・**遠端會議時的育兒問題** 小孩會因為想模仿而跑進來。
②環境準備度	・**物理問題** 家裡的椅子很難坐。為腰痛所苦。 ・**心理問題** 在小房間裡看著枕頭或床，讓人難以切換到「上班模式」。晚上難以切換到「下班模式」，不管何時都想到工作。
③對工作的心態	・**心理問題** 好像感覺不到自己對工作的貢獻。按照自己的節奏來工作，結果變得拖拖拉拉。
④與公司其他人的關係	・**愛監視的主管** 對監視自己的主管很火大。過去都是看工作場所的氛圍來工作，所以不知道自己現在該做到什麼程度。

1. 家庭結構
2. 環境準備度
3. 對工作的心態
4. 與公司其他人的關係

上面列舉了大家在各層面上常遇到的煩惱。

對應的方法後面會講到，但首先要請您確認一下自己是處於什麼狀態。

每個人對於遠距工作的反應，會根據「①家庭結構（橫軸）」和「③對工作的心態（縱軸）」有大幅的不同。

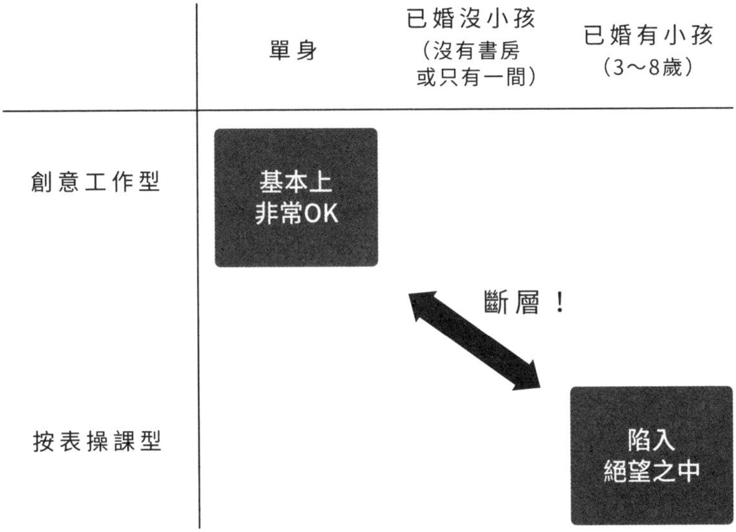

如同上圖，上班族會分成積極與消極兩種截然不同的狀態。

例如，我自己是位於左上角，所以覺得遠距工作有益無礙；但聆聽大多數人的心聲，會發現對「必須與人共同作業、夫妻雙方都遠距工作、有小孩（托兒所因緊急事態宣言而關閉）」的人而言，則非常苦惱。

我們實際上施測的結果，也證明了這樣的假設。

還請見下一頁的圖表。

遠距工作中專注時間的比例

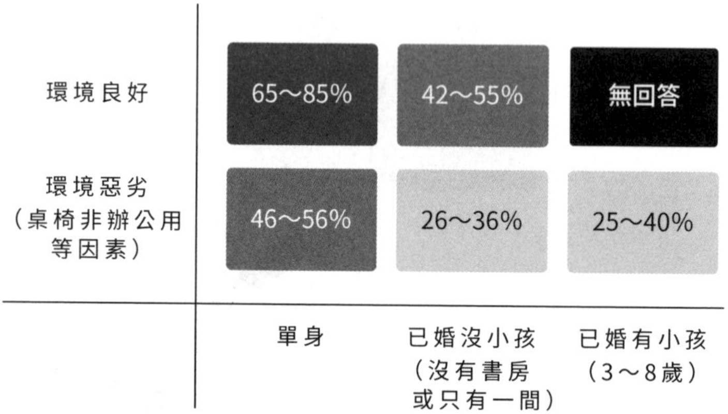

此圖表的數值為JINS MEME所檢測到，在實際的工作時間中，「能夠專注的時間長度」到底佔了多少比例。

在過去的統計中，如果是在辦公室等職場上，專注時間大約可以達到50%。

而在這個實驗中，「環境良好×單身」的我獲得了65～85%的結果。也就是說，這已經到達了**不去辦公室根本也沒差的等級**。

此外，「環境惡劣×單身」「環境良好×已婚沒小孩」，則可以達到**跟辦公室幾乎同等**的專注程度。

問題在於「環境惡劣×已婚沒小孩」「環境惡劣×已婚有小孩」的族群。

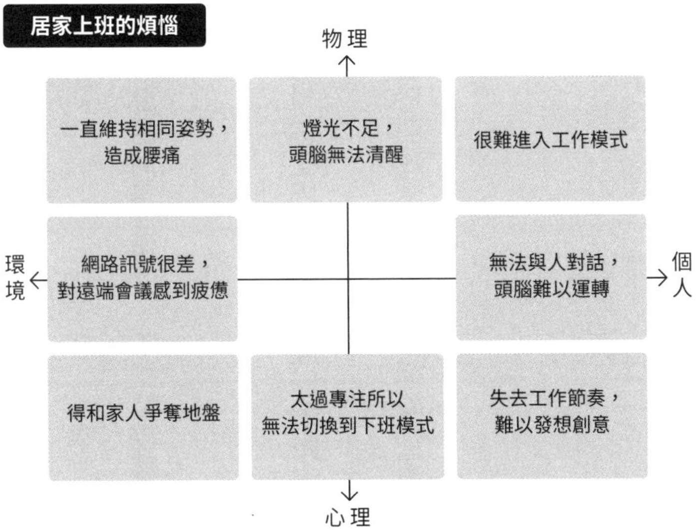
居家上班的煩惱
物理
心理
環境
個人
一直維持相同姿勢，造成腰痛
燈光不足，頭腦無法清醒
很難進入工作模式
網路訊號很差，對遠端會議感到疲憊
無法與人對話，頭腦難以運轉
得和家人爭奪地盤
太過專注所以無法切換到下班模式
失去工作節奏，難以發想創意

透過數據我們可以得知，這樣的專注程度，達到了**對工作完全造成阻礙的等級**。

由環境衍生的8大煩惱

不管是什麼情況，打造出「良好的環境」絕對是首要之務。

這裡的重點，就是前述四項要素中所提到的「②環境準備度」。

那我們就馬上進入重點吧。

上圖的橫軸是個人與環境、縱軸是物理與心理，分別介紹人們遇到的典型煩惱。

不管如何傾個人之力進入工作模式，如果環境會造成「相同姿勢導致的疲勞」「遠端會議導致的疲勞」等等，就會打亂專注程度。

就算整備好燈光與家中環境，光是在同一個房間一直看著相同景色，也會讓人「難以獲得創意」。

想要達到深度專注，不是發現哪邊有問題改善哪邊就好，而是要多方綜合考量、解決才行。

如果你是因疫情而經歷過遠距工作的人，這邊應該已經列出了某個符合你情況的課題。

對於前述環境與家庭結構的相關課題，相信你已經知道最重要、最嚴重的問題在哪裡了。

你現在做的工作有「意義」嗎？

讓人無法專注工作的原因之一，其實還包含了深埋於社會之中的課題。

這也是許多透過「每天朝九晚五上班」這件事本身，來獲取勞動價值的「按表操課型工作者」會面臨的問題。

當然，整個國家對於解雇法制的強化，以及長期的年功序列制（Membership，會員型雇用）[註3]也是問題所在。但如果光是討論社會系統的課題，對個人的生存策略來說其實毫無意義。

這裡不是要爭論按表操課的工作到底是好是壞，而是著眼於**「人們的工作是否能為自己帶來『自我肯定感』」**。

對自己的工作充滿「無力感」的原因

如果你現在從事的工作無法為你帶來滿足感，那其實是管理階層的問題。

管理者若是能好好劃分課題，即使遠距工作，也能順利將課題交代給團隊成員的話，那即使是按表操課的工作者，也能夠有效率地持續產出才是。

但如果沒有栽培出這樣的管理者，這些工作者就會苦不堪言。許多導入遠距工作模式的企業都向我反應過這類問題。

因為疫情的關係，導致額外的工作增加，很多主管都被這些多出來的事情追著跑。因此那些本應聽從指令工作的人員，便閒置了下來。

如此般浮現的問題會讓員工感到無力，覺得**「我現在到底可以幹嘛？」**並明顯失去貢獻感與自我肯定感。

這跟「個人的專注」也很有關係。

對於組織以及企業整體而言，自己的工作究竟是扮演什麼樣的角色、為了什麼而存在呢？如果無法認知到這點，想必就不可能投入到眼前的工作上。

對管理者而言，具備將這點傳遞給團隊成員的能力相當重要；而對於團隊成員而言，去發掘自己工作的意義也是必要。

「自己能有所發揮」的實際感覺

不知道各位聽過 Mr. Children〈色彩〉（彩り）這首歌的開頭嗎？

「即使沒有誰的讚美（中略）我所做的微小工作（中略）依然在為那些素昧平生的人帶來笑聲」

歌詞是這樣寫的。

獨自居家上班、做著看似微不足道的工作的時候，如果沒辦法理解工作的意義，那即使能持續工作下去，應該也難以從中感受到幸福吧。

在團隊成員身處同一個辦公室，可以相互磨合的狀態下，人們能夠獲得「自己有所發揮」的感覺。

而在管理遠距工作的情況下，**若無法滿足人們想獲得認可的需求，工作上就會開始出現各種漏洞。**

傳統辦公室常見的島型配置（辦公桌相鄰），是靠著團隊成員互相搭話來進行「微管理」。

對這樣的團隊來說，居家上班的影響尤其更大。

在一般的辦公室裡，人們平均每11分鐘會說一次話。這樣的溝通方式，是沒辦法用像監視狂一樣的主管來取代的。

若從第46頁提出的四項要素來看，就能知道這不只是針對個人，也是整個團隊必須要考慮進來的問題。

找回深度專注力的「3大關鍵字」

前面話說得長了些，不過從這邊開始我們就要進入正題。我將介紹適用於個人和團體，能夠幫助你找回「深度專注力」，更加積極工作的必要訣竅。詳細的對策會在第一章之後陸續解說，序章則會先說明所需的先備知識。

針對「高效工作」「舒服工作（有創造力）」兩方面，我將告訴你應該用什麼樣的方式思考，才能達成「絕佳的工作方式」。

以「自己」為中心思考

「接下來不是讓人動起來的時代，而是讓東西動起來的時代。」

抱持這樣的想法相當重要。

荷蘭足壇傳奇球星約翰・克魯伊夫（Johan Cruyff）說過一句名言：「讓球動起來吧，

球是不會累的。」我們也必須先以自己做為工作的軸心，再去思考工作方式。

也就是說，並非去配合公司，而是把「自己」當作主體。

知名獨立研究家山口周曾說：「在知識生產活動中，員工的大腦就是工廠，應該留意別讓工廠做出多餘的物理動作[註4]。」

我們可以輕易想見，未來那些在二〇年後出生的孩子們，應該會覺得「爸媽的那個年代，要上班還得特地擠上塞滿人的電車，以前的人還真是不可思議啊……」

那麼，如果想讓「自己」這個軸心能以最佳方式運作，該怎麼做呢？接下來我將會為你介紹「分解專注力因子」「切換3個大腦」「時間管理基本戰略」這三個概念。

這三個概念，將能幫你解決物理與心理上的課題，以及阻礙創造力的問題。接下來將會一一詳細說明。

KEYWORD 1

「分解專注力因子」：啟動・深度・持續力

「專注力」這個詞彙經常被使用。

像是「我現在失去了專注力」「總最近專注力很低落」等等，這是個相當好用的詞彙，裡面卻包含了各式各樣的意思。

讓我們先來分解「專注力」的因子吧。

・**啟動的速度（「好，開始吧」）**
・**專注的深度（「我現在已經相當專注了」）**
・**專注的持續力（「我還能繼續專注下去」）**

「專注力」可以分成上述三個因子。

根據我們過去的問卷調查，大多數人都會苦惱於「進入狀況的速度」。

各位應該也有過**那種在開始工作之前，覺得很煩、很不想去做的感覺吧。但只要一開始工作，這種討厭的感覺就會慢慢消失了。**

雖然人類的大腦在切換模式的時候，負擔會增加；不過一旦開始作業，自然就不那麼難受了。

詳細的對應方式，將會在打造「慣例」的章節中講到，不過在此先簡單說明如何降低妨礙意志力的門檻。

從「單純的作業」開始衝刺

在你辦公桌的電腦周圍，**請儘可能不要放一些跟工作無關的東西**。

然後，為了能迅速進入工作狀態，重點在於：把你一開始要作業的內容先開好，並且讓電腦維持開機的狀態放著。

不管是在前一天晚上、吃早餐之前，或是進入工作的上一個階段，都請先做好這樣的準備吧。

以我自己來說，一早要進入工作時最為惱人，所以我就會提早開好電腦放著。

在要休息的時候，**我也會故意讓任務在那種要完不完的地方中斷**。只要這樣子做，下一個開啟工作的時機就會變成單純的作業，能夠提升專注時「啟動的速度」。

從簡單的小地方開始。你可能也看過類似的提醒，因為這個方法看似簡單到不行，但絕對最有效。

不要讓最一開始的「好，開始吧」變成一件難事。

專注的「期間」應該如何思考呢？

會妨礙專注的東西，就是你正在處理的任務以外的任務。

確認一下訊息、回一下信、讀一篇令人在意的文章、因為擔心其他工作所以再聯繫一下……。

類似這樣的中斷舉動，其實是有價值的。

這種概念在認知科學中稱為**「思緒漫遊」**（mind-wandering），在發想創意的時候有其意義。

不過如果它打亂了你眼前的專注，就會讓你陷入漫不經心的狀態。

因此，請不要對其他事情做出反應，而是必須專注在你眼前的任務上。詳細的技巧會在第一章之後提到，不過最好的方法就只有「在決定好的時間，做事先決定好的事情」。

此外，當我們處於深度專注的狀態時，眨眼的次數也會變得穩定。在玩手遊之類的時候，眼睛會覺得累，是因為我們陷入了眨眼次數減少的「過度專注」狀態。

本書所說的「深度專注」，性質上和像是喝了能量飲料般短暫衝刺的「過度專注」截然不同。

在你持續專注之後，不妨檢視一下自己的**「眨眼次數是否減少了？」「心裡是否有平靜下來？」**

KEYWORD2

「切換你的3個大腦」：理性・直覺・宏觀

此外，開啟工作模式的方法雖然非常重要，但如果只看重這點，就容易忽略**「結束工作的時機」**。

遠距工作的難處，就是經常陷入「難以脫離工作的感覺」。因此，也必須思考如何在結束專注的時機點好好「脫離」工作情境。

我們常聽到「腦袋開機・腦袋關機」這樣的說法。

也有人會說「工作時就開機，到了私人時間就關機」。

不過要認真說的話，大腦其實並不會真的「開機・關機」。

我們在這裡先解開這個誤會吧。

放空時的大腦狀態

我們通常會想像，大腦在睡眠時間會是關機的狀態。

不過我們的大腦，即使處於睡眠中也還是在活動。

特別是在伴隨眼球運動、稱為**「快速動眼期」**（rapid eye movement，REM）的淺眠階段，大腦會處理記憶的儲存。而在**「非快速動眼期」**（non-rapid eye movement，NREM）的睡眠階段，大腦的預設模式網絡（Default Mode Network，DMN）會活化，據說這會讓我們特別容易有靈感。

也就是說，即使是在睡眠狀態下，大腦仍是開機的狀態。

腦神經科學專家青砥瑞人先生曾經表示[註5]：

「大腦可以大致分為三個模式，分別是『預設模式網絡』（Default Mode Network）、『警覺網絡』（Salience Network）與『中央執行網絡』（Central Executive Network）。將大腦視為一個系統，是近年來的有趣話題。

「在這十年備受關注的就是「預設模式網絡」的存在。這是指控制不將意識放在特定對象上——也就是放空狀態的大腦迴路。

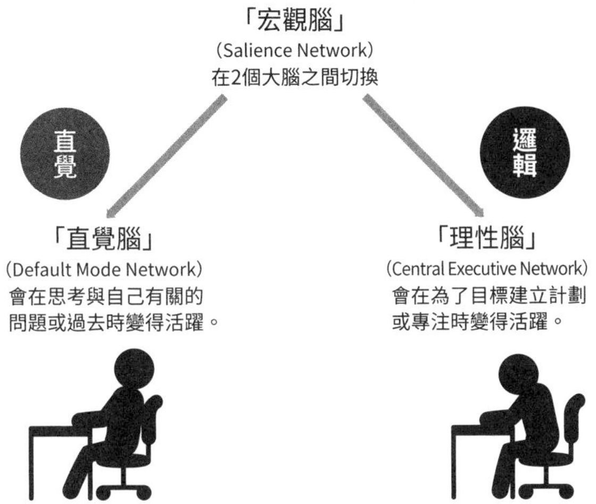
「宏觀腦」
(Salience Network)
在2個大腦之間切換
直覺
邏輯
「直覺腦」
(Default Mode Network)
會在思考與自己有關的
問題或過去時變得活躍。
「理性腦」
(Central Executive Network)
會在為了目標建立計劃
或專注時變得活躍。

「『即使我們沒有意識到，大腦還是在發揮作用』，預設模式網絡說明了所謂無意識狀態下的神經活動，並因此受到矚目。」

如果用我自己的話來解釋，大腦可分為上圖的這三種狀態。

對此，預防醫學研究家石川善樹先生曾經這麼形容：「當直覺腦想出一百個點子時，宏觀腦會篩選出三個點子，理性腦再從中選出一個點子。」

也就是說，**在一天之中要如何切換這三種大腦是很重要的**。

但如果遠距工作的隔離生活一直持續下去，會發生什麼事呢？

因為一直處在同一個場所，我們受到的刺激將會變得有限；無法跟同事閒聊，每天接觸到的只有預排好的會議。就這樣日復一日。

在這樣的狀態下，我們會用到的就只有「理性腦」而已。**我們必須脫離這樣的狀態，給予大腦刺激，從「宏觀腦」切換到「直覺腦」才行。**即使是居家工作，也要儘量創造不同的「刺激」，或是創造出能夠發揮靈感的「餘裕」和「火花」。

這樣的生活方式在日後將會變得更加重要。

大腦不是只有「開機．關機」的二元狀態，還要能夠放鬆或是接觸新事物，導入「積極開機」的時間。「積極開機」對召喚你的不同大腦而言是很重要的儀式，還請務必留心。

為了能夠「積極開機」，我們必須創造**「不同於工作的刺激」**。

有很多人會聽聽音樂，或是看看 YouTube 來放鬆；但對工作上也常常用到眼睛跟耳朵的現代人來說，這樣的休閒其實跟工作中的刺激種類相近。

還請嘗試「刺激視覺．聽覺以外的五感（吹風、泡澡、芳香療法等等）」，或是「創造由靜入動的狀態」（步行、重訓、反覆運動等等）吧。

此外，因為我們會對這些刺激漸漸感到「習慣」，所以享受各種不同的事物是很重要的。如此一來，就能讓你在遠距工作的時候，比你待在辦公室時更有創意。

KEYWORD3

「時間管理基本策略」：工作・自我・人際

最後的關鍵字跟「時間管理基本策略」有關。

一般人都會將生活劃分為「工作時間」和「私人時間」，不過我建議你可以將時間管理得更加清晰。

居家工作時會顯現的主要課題，包括了**「與家人的地盤之爭」「與家人／公司其他人的關係」**等等。

我傾聽了許多人的煩惱，發現因此導致離婚或夫妻失和的例子時有所聞，這儼然已經發展成嚴重的問題。

接下來，我告訴你如何思考這些問題的解決之道。

「和家人．朋友相處的時間」與「獨處時間」

我曾經和 IMD business school 的東北亞代表高津尚志先生，在某場大會上同框。

在那場大會上，我們針對工作模式的思考方向進行了小組討論。

當時高津先生這麼表示：

「決定好自己如何生活的人，才能去思考如何工作。

「問問自己，我們在『工作、自我與人際』上分配的比重，以及所投注的資源，是否和我們真心認為重要的東西一致。」

我們可以將以上內容進一步歸納成三個概念：

．工作：專注於工作的時間

．自我：個人獨處的時間

．人際：與家人或朋友一起度過的時間

這裡不是要比較三者之中究竟哪個最重要，因為這三者都不可或缺；重點在於：**要有意識地分配自己的所有時間**。

以我的情況來說，我是這樣分配自己的資源：

「工作」：雖然工作總是多到爆炸，但我一天會控制在10小時以內。

「自我」：對我來說工作就像是興趣，不過購買中古屋，自己動手裝潢也是我的興趣。

「人際」：我漸漸減少喝酒應酬或飯局，增加和親近的人相處的時間。

只要像這樣先做好決定，你的生活方式就會開始有所改變。

這樣的三分法不只適用於遠距工作，對如何思考人生而言也相當重要，還請檢視一下自己是如何分配吧。

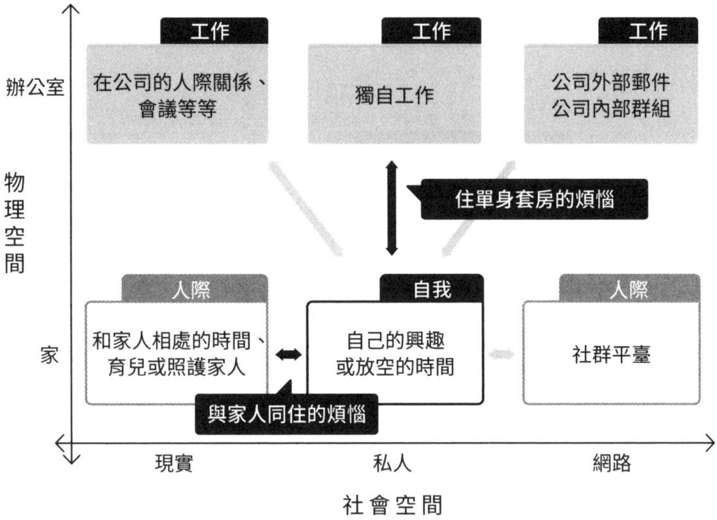

「確保」你的時間與空間

居家上班會遇到的大問題，**就是「工作・自我・人際」之間的界線變得模糊。**

還請看一下上圖。

首先，「工作」的領域將會從辦公室侵蝕到自家。

再來，遠端會議等活動，也會影響到和家人之間的「人際」空間。

最後，我們將會在網路上保持隨時與人連結的狀態。

如前所述，這三種時間都很重要。

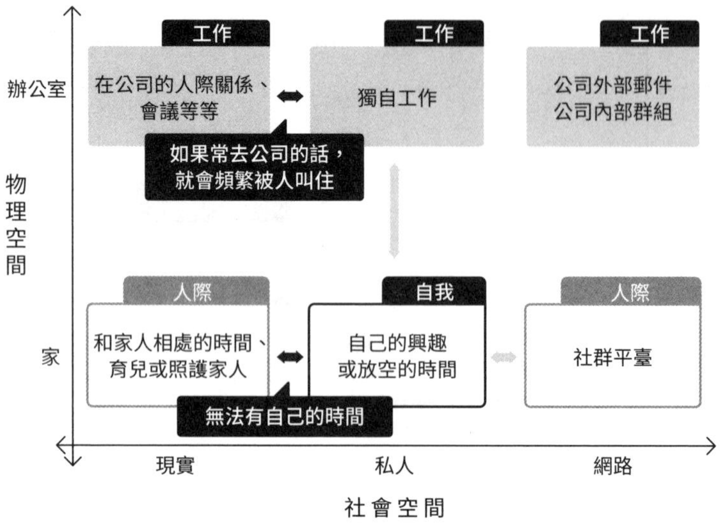

然而，我們卻會遇到它們在「相同的時間」和「相同的空間」相互排擠的問題。

簡而言之，如果想要同時維持「工作．自我．人際」這三方面的充實，就必須確保這三者之間互不侵犯的時間與空間。

也就是說，先決定好**「在這個地方不要工作」「在這個時間只做自己的事」**，並且「專注」在這件事情上。

為了充實度過每段時間，我們必須建立用來突顯各段時間優點的「間隔」。

雖然「間隔」這個說法，也是受到石川善樹先生的影響，但同時也延續自我們一同討論時所發想出的內容[註6]。我們曾經討論這樣的話題：

「『人類』的存在本身，就是在體現一個『間隔』。如果這個間隔被破壞，人類就會變得愚蠢（日語：間抜け），也需要祭典（日語：間つり（祭り））之類的東西，來彌補被破壞的間隔。而其中我最有興趣的，就是「人＋人的間隔＝人間（日語指「人類」）」這個說法。

「要直接接觸一個人是很困難的。因此才會必須透過『時間』『空間』『人與人之間[※]』這『三間』，來建立接近一個人的方式——這就是我想做的事情。」

也就是說，依照前面高津先生說過的話，為了避免在「工作・自我・人際」之間淪為愚蠢，我們得要俐落地進行規劃，考量自己的時間分配才行。

以此為前提，也必須納入石川先生所提到、如何確保「空間」「人與人之間」的間隔，來規劃相關流程。

這裡簡單做個統整：

※日文原文為「仲間」，指朋友、夥伴的意思。

・時間：決定好在每段時間中「工作・自我・人際」哪個重要、要做什麼事、不做什麼事。
・空間：透過環境規劃，打造能夠區分「工作・自我・人際」的空間。
・人與人之間：現在是人不動、我不動的時代，必須設計好如何與重要的他人連結。

你可以試著以每週為一個單位進行整理。

如果發現自己好像特別傾向哪一方，就請重新思考如何達到平衡。

如何在碎片化時間中達到專注

前面已經說明了時間管理的重點。不過，仍有許多課題是沒辦法輕易解決的。

那就是家中面臨「育兒・照護」課題的情況。

特別是育兒上的煩惱，因為孩子一定不會按照你的規劃行動，即使大人再怎麼想也莫可奈何。

雖然這樣的情況下很難找到解決對策，但你還是應該思考：

「如何在無法事先規劃的情況下，提升在碎片化時間中的處理速度」。

例如：

- **孩子專注在卡通上的幾十分鐘**
- **孩子午睡時的幾十分鐘**

即使是這麼短暫的時間或時機，只要如同前面第58頁提到的，有意識地提升「啟動的速度」，就能夠建立重現工作時間的機制。

意識到「工作・自我・人際」這三個原則，事先劃分好自己的時間，是日常生活中不可或缺的措施。

到目前為止，我已經告訴你根據以下三大前提思考的方法。

- **分解專注力因子（啟動・深度・持續力）**
- **切換你的3個大腦（理性・直覺・宏觀）**

・時間管理基本策略（工作・自我・人際）

基於以上內容，從第一章開始，書中會告訴你如何自在從事知識生產活動，以及具體的解決對策。在序章中會稍微說明本書的大前提，在意後續的讀者也可以直接從第一章讀起。

思考工作場所的「未來」

接下來要說明的是對應到第二章的先備知識。第二章將會帶你思考「工作場所」與「工作方式」的未來，並找出在工作上達到深度專注的方法。

首先，讓我們先從「工作場所」談起。

請先在腦海中想像一個「〇〇公司」的代表圖像。你可能會想像出左邊這個像是「大樓」一樣的圖示。

我們這些上班族，也常被稱為「坐辦公室的人」（office worker）。

然而到了後疫情時代，這樣的稱呼已經開始改變。**因為員工已經不必再靠「進辦公室」，來證明自己是公司的一份子。**

無論是「公司的代表圖像」還是「個人的稱呼」都已經有所不同，相信你也已經實際感受到這樣的大幅轉變。

雖說如此，可能還是有人會覺得「沒有吧，這應該是首都跟部分的城市才會發生的事情吧？」

確實，導入遠距工作的程度以及實踐的時機，可能根據情況有所不同。一個人從到職到離職，一次也沒有進過公司的情況似乎很罕見，也不可能所有公司都瞬間讓辦公空間消失。

不過，大方向確實是如此。**人們已經逐漸不再被「每天上下班都要進辦公室」這件事所束縛。**

我知道某間十人規模的新創公司，幾乎都是有需要的時候才會進辦公室。而我有所往來的某間大公司，經營高層也開始留意辦公室的租約是到何時，許多公司都開始改變方向，試著導入以遠距辦公為基礎的工作方式。

即使是原本就擁有自家大樓的公司，這股改變的力量也在發生。

愈優秀的人愈不需要坐辦公室

進一步來說，我之所以能斷言「未來會傾向沒有辦公室」的理由，共有兩個：

- **為了提升產能，獲得競爭力**
- **為了獲得優秀的人才**

以第一個提升產能的觀點而言，因為可以明確降低辦公室租金和通勤費用，提升每段時間的生產力，有半數以上的工作實際上都能改以遠端完成。

只有在進行發想特殊提案的會議，或是用來舉辦提高公司向心力的活動時，才需要辦公室的功能。

第二個理由則是從招募人才的觀點出發。

如果改採遠端會議做為工作的基礎，大家就會愈來愈清楚誰才是「從事高附加價值工作的人」。

我們可以預想：這些優秀的人才，將會追求容易經營副業或斜槓的場所，進而導致人才流動遽增。

愈是優秀的人才，愈喜歡有效率、能夠同時處理數項任務的環境。無法具備這些條件的公司，將會為招募不到人才所苦。

從以上兩個觀點出發，可以得知在未來，大家會離「坐辦公室」的稱號愈來愈遠——對於從事「知識生產工作」的人來說尤其如此。

在哪裡都能工作、在哪裡都能玩的時代

根據前面談到的內容，我們可以先歸納出以下三個關鍵字：

- **第一空間（First Place）：自家**
- **第二空間（Second Place）：職場**
- **第三空間（Third Place）：其他讓你自在的地方**

關於工作場所會有什麼變化，也是我們 Think Lab 的專業領域。這裡就必須先稍微說明「第三空間」的概念，引用如下：

「美國社會學家雷．奧爾登堡（Ray Oldenburg）在他的著作《絕佳空間》（The Great Good Place）中，提及『第三空間』（Third Place）在現代社會的重要性，以及針對該場所的獨特想法。『第三空間』應成為社群生活的支撐點，並孕育出更多創意交流[註7]。」

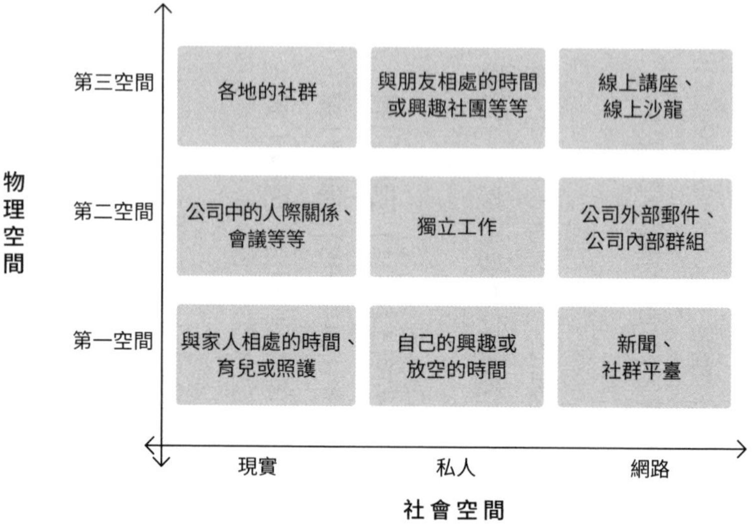

例如，以我自己的日常時間來思考，可以整理出上圖。

三個空間包括了物理空間，以及各自「現實・私人・網路」的社會空間。

在疫情之前得進辦公室上班的時候，我在家就做自己的事情，在公司就做工作的事情。而讓生活過得更充實的角色，就是由第三空間來扮演。

如同前面所述，**目前「第二空間」的存在已經起了偌大的變化**。

在與疫情共存的時代，我們面臨了第二空間縮小，工作的場所移動到了第一空間的狀況。

那麼，讓我們來詳細看看關於第三空間的演進吧。

第一空間（自家）會回到江戶時代

在未來，自家空間肯定會變得更多功能，而且用於更多目的。我們不僅要花時間陪伴家人或獨處，還必須專注於工作，或是參加遠端會議等等。考慮到這一點，理想的目標就是打造**「所有要求都能達到70分水準的場所」**。

事實上，這代表了我們的家會回到過去「日本家屋」的型態。Think Lab成員，quod的飯塚洋史先生是這樣想的：

「日本家屋是一種『棉被』的文化：人們會在一早把棉被摺起來，在同一個場所從事手工業。換句話說，就是「私人」和「工作」並存。因此在未來，我們也可以借鑑江戶時代的日本家屋來開發環境。

「不過，現代和江戶時代最大的差異，在於親子之間並不存在學徒制的關係。在過去，人們從年幼時就開始協助雙親的工作；而到了現在，家庭已經沒有這樣的功能，剩下的就只有『育兒』的問題了。」

還請回憶一下我們在第66頁所提到的「工作・自我・人際」。**你現在所居住的家中，在各方面都有達到70分的水準嗎？**如果有哪個項目分數明顯特別低，或許你就該調整一下。

第二空間（職場）將逐漸縮小

關於第二空間，正如同我們前面所說到的。

為了避免在辦公室每11分鐘就被打斷一次，導致個人無法專注作業，空間會發生以下的變化：

- **辦公室的功能逐漸縮減**
- **習慣遠端會議後，多人用的大會議室會逐漸消失**
- **辦公室變得開放，感情融洽的公司同事不管在何時何地都能工作**

雖然在過渡期，還會牽涉到辦公室租約的問題，但我們可以想見，以（簡易）裝修會

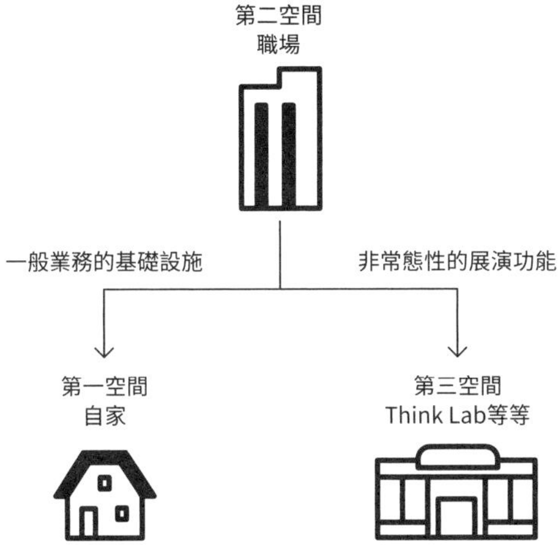

議室為主的需求將會增加。

第三空間帶來的非常態性

Think Lab 原本的商業模式，就是著重在「第三空間」的角色。

如果大家都只待在第一空間，生活中的刺激就會減少，也就會喪失創意，變得相當單調無聊。

在疫情隔離期間，我最常聽見的話就是**「好想去別的地方啊，不管去哪裡都可以」**。

在疫情爆發之前，大家會有個「我想要去那裡！」的明確目的，例如巴黎或沖繩等等。

而在疫情期間，則變成了「只要不是這裡，去哪裡都好！」

如果在同一個場所待太久，人們對於「非常態性」的渴望就會增加。

我們之所以會專注於空間商務的理由，正在於此。為了讓 JINS 不只是個「人們會去買眼鏡的地方」，我們費心加強了來店的體驗價值以及空間展演功能。

這些訣竅都可以發展出各式各樣的商務應用。

想去一個不是辦公室，也不是自己家的「別的地方」。為了滿足這點，那些「人們會特地前往的場所」就必須擁有非常態性的功能。

在未來，「第三空間」的存在價值將會進一步顯現。

該在哪裡度過「一個人的專注時間」呢？

在前一小節中，說明了「三個空間」的關係。

那麼不同的空間，又會有什麼不同的變化呢？

首先，原本集中了所有工作功能的辦公大樓（第二空間）將縮減，只留下一部分的功能。

一般業務的基礎設施會劃分到自家（第一空間），負責非常態性展演功能的工作場域，將會移動到其他新設立的空間裡（第三空間）。

如果你想擁有「一個人的專注時間」，你基本上會把時間花在自家或第三空間，並把其他工作的功能留在辦公室。

如同下頁的圖片所示，我們的生活模式將會轉變成以自家為中心。

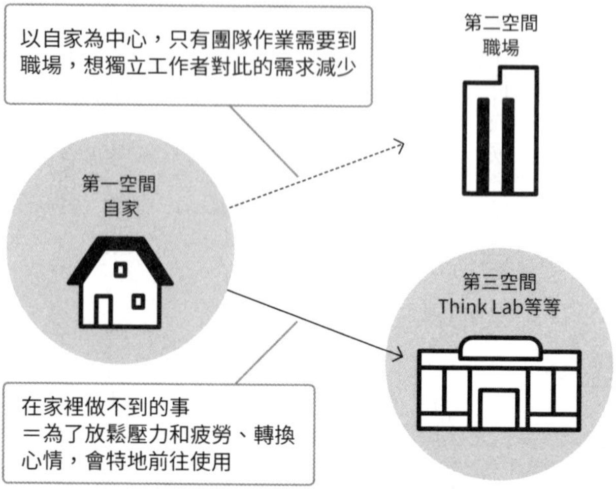
以自家為中心，只有團隊作業需要到職場，想獨立工作者對此的需求減少
第二空間
職場
第一空間
自家
第三空間
Think Lab等等
在家裡做不到的事
＝為了放鬆壓力和疲勞、轉換心情，會特地前往使用

選擇「讓人想工作的設計」

在這裡，讓我們進一步探究前面所提到的「第三空間」的說明。

在未來，副業與斜槓的解禁潮流勢不可擋。我們會愈來愈清楚辨公室的哪些功能是不需要的。

在過去的時代，公司會為個人提供**「任務」（Mission）**和**「設施」（Facility）**。

換句話說，你該做什麼（任務）、為此提供的工具（設施）都是由公司準備。

然而，這個「設施」將會漸漸消失。

如果從一位斜槓人士的角度來看，在A公司和B公司各有工作會是他的常態，他並不需要一直待在同一個地方。

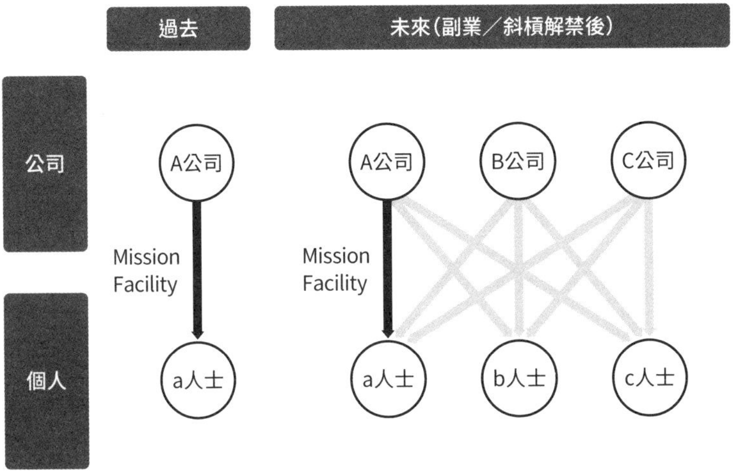

Facility：指設施、設備、建築物等等

如上圖所示，在過去，只存在一間公司和單一個人之間的關係；但在未來，其他公司也能夠給予個人不同的「任務」和「設施」。

如此一來，你就能擁有「空間」的選擇權。

講得難聽一點，過去不管是辦公室的內裝或傢俱，都只能由公司的人事行政來決定。

「我們公司怎麼都喜歡用這種椅子」「不管設計還是功能都很怪，如果是我絕對不會選這種……」常發生這種事對吧？

這種對「設施」的選擇權，將會由人事行政的身上轉移到你身上。

第三空間，將會由星巴克這種可以讓個人度過愉快時光的場所勝出。

場所的展演能力將會成為成功的要素。

以上就是關於工作空間的演變，我以三個關鍵字進行了說明。

至於個人要如何應對，將會在第二章中為你解釋。

個人跟公司之間該如何配合？

從第一章與第二章的簡介，我們可以充分理解：對個人而言，找回「深度專注力」勢在必行。

不過，我在前言中也提到，本書同時也是想向各位讀者傳達我個人的想法——那就是**「為搶回工作的樂趣做好準備」**。

只要工作時快樂又有動機，就能讓人沉浸在其中。

為此，我們就不得不思考「和誰一起工作」「和公司之間該如何配合」等「人際關係」的部分。

關於人際關係的重點和訣竅，將一併在第三章中為你介紹。

在序章中，讓我先向你分享我親身體驗過的「某個事件」。

「同事」意識逐漸消失

二〇二〇年的四月——正值日本發布緊急事態宣言，使得許多人開始在家辦公的前一刻——我在臉書上發布了這樣的貼文：

「【居家上班的煩惱大募集！】如果有想轉換一下心情，願意接受遠端訪談的人，歡迎告訴我！我想知道在這種時候，我們除了專注力之外，還可以提供什麼樣必要的支援。」

我是在白天的中午十二點發布這則貼文，馬上有大約十五個人跟我說「很樂意聊聊」。我和第一個人開始視訊是在下午兩點。當天和三個人視訊，隔天又訪談了兩個人。

那麼，這代表了什麼呢？

在疫情之前，我也曾經發布類似內容，獲得了一些回饋。

不過，如果是在辦公室裡，首先坐附近的同事可能就會來搭話：

「你現在有空嗎？」

然後跟你聊天，要你聽他說話。

而在疫情之後，**「同事」與「非同事」之間的界線似乎消失了**。

在群組裡呼叫「大家現在有空嗎？」「有人對這個有興趣嗎？」好像變得更加理所當然。

這相當有「OMO」的感覺。

所謂的「OMO」，指的是「Online Merges with Offline」，也就是**「線上與線下融合」**的意思。

也就是說，失去辦公室這樣的常規線下環境，會讓我們跟能夠在線上快速聯繫的人建立比同事更密切的關係。

如此一來，大家也會開始思考「隸屬公司」的概念究竟有何意義。

當然，我很喜歡自己所屬的 JINS 公司，其中的 Think Lab 部門對我來說，更有如自己所愛的孩子一樣。

不過，儘管公司內部成員對此專案都抱持強烈的責任感，但事實上，Think Lab 團隊中有超過一半的成員都是獨立工作者，從草創期開始就以接案方式與我們合作。他們雖然並非本公司的員工，但絕對都做出了與員工同等水準的貢獻。

既然如此，我不禁要自問自答：**「所謂的『員工』，究竟如何定義呢？」**

成為一個「讓人想跟你一起工作」的人

思考到往後的生存策略，「只要進了一間公司，就能安心一輩子」這種事恐怕不存在。我想不管是誰都會有這種感覺。

以我自己來說，如果我不儘量讓 JINS 高層覺得我是**「即使將工作外包，也想繼續合作的對象」**，我很可能就會出局了。

在這個失去了辦公室、線下能感受到的團隊情感也逐漸消失的時刻，如果不發揮讓公司高層足以看見你的能力，很可能就會讓自己陷入不利的立場。

這就是「聘僱」的未來樣貌，先預見這點相當重要。

雖然我不是勞動法規的專家，但就日本這兩點來思考：

・勞動法規強硬
・喜愛儲蓄（大公司多會保留盈餘）

我們跟歐美國家相比有較低的失業率；但這種日式經營模式受到挑戰的時期，似乎正在到來。

不管是任何一家公司，都必須以長遠發展為考量。

反過來說，如果勞動法規強硬，會讓人更容易感受到成為正職員工的風險。

此外，因應愈來愈不穩定的局勢，公司也勢必得應對不斷變化的議題。

為了應對不同階段的需求，以外包取代正職的方式來布局也是必然的發展。

個人必須抱持的2種心態

當然，改變不會是一天兩天的事。

不過，如果你是所謂的「創意工作者」（Creative Worker），應該會特別有感。

愈是有趣的工作，將會愈容易被搶走。

在這個當下，為了最大限度發揮大腦的潛能，現在正是我們重新整備環境，再次審視工作方式與聘僱型態的時機。

至少，你要先抱持以下的心態：

- **「公司內外的界限」在個人之間將不再有意義**
- **企業與個人的關係將會趨於「疏遠」**

先記住這兩點很重要。

我們必須有這樣的覺悟：個人將成為更獨立的存在，並以獨立工作者的方式行事。那些能夠抓住機會的人，將能打破目前企業「因應變化時過於遲鈍」和「無法催生出新創事業」的僵局，帶給社會活力。

在第三章中，我將為你統整能為此做好準備的立場與要領。

整理本書前提的序章，就在這裡告一段落。

接下來在各章中，我將會以序章所列舉的課題為基礎，不藏私地告訴你**「從明天開始就可以實踐」的解決對策**。

第1章

找回「深度專注力」

——從「個人可以馬上改變的事」開始

「專注」已經變成個人的責任

如同前言中所述，本書是基於量測專注力的JINS MEME眼鏡量測到的數據而寫成。

針對正在推動工作改革的企業，與想改造個人生活的一般消費者，我們蒐集並分析了超過一萬人的數據。

當然，光是累積量測數據是沒有意義的。

透過與更多用戶在不同場合下的嘗試錯誤，我們發現了其中的趨勢，並持續累積諸多**「如何更專注於工作」**的訣竅。

比起實驗，更專注於現實

在過去，我們如果要量測專注程度，只能在醫院或大學等實驗室中，穿著類似病人服的東西進入龐大的機器內量測。

也就是說，我們只能在特殊條件下取得數據。只能在實驗現場的短時間內獲取的數據，無法反映出日常生活中的現實。因此，還有許多可以實際應用的知識沒有被發掘。

不過，我們量測到的數據就不一樣了。JINS MEME 就像我們日常生活中會戴的普通眼鏡，即使是在工作中持續配戴兩周到一個月左右，也不會讓人覺得那麼有壓力。**正因為它是在日常生活中進行量測，才能取得相當接近實用知識的數據。**

對於迄今那些「看似對於提升專注力有感的方法」，我們也得以將其量化考察，並得以催生出接下來要提到的**「真正能提高專注力的方法論」**所謂的「專注力」，如圖所示。

1. 良好的應對方式
2. 整備環境（=空間）
3. 維持健康狀態
4. 提升基本體能

專注力	擺脫不適	進一步提升
1 應對方式	・工作的入口（P135） ・工作的出口（P138） ・三上時間（P144）	・獨立作業策略（P172） ・協同作業策略（P200）
2 環境	・切換姿勢（P110） ・投資椅子（P112） ・私人空間（P116） ・空調與溫度（P129）	・視覺最佳化（P121） ・聽覺最佳化（P126） ・嗅覺最佳化（P128） ・反覆運動（P130）
3 健康	・抗藍光對策（P150） ・改善睡眠（P152） ・改善飲食（P155）	・心理安全感（P190） ・積極休息（P198）
4 專注力＋α		・沉浸工作（3 章）

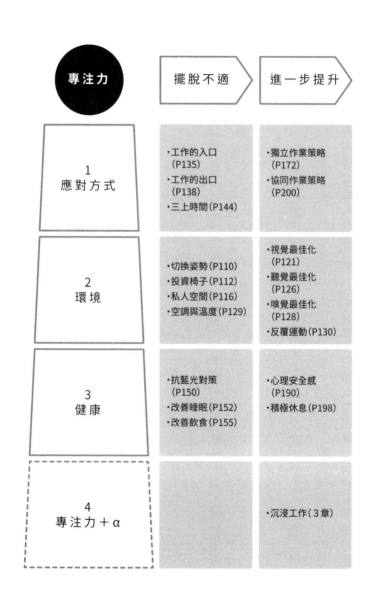

我們可以將其分為以上四者。在拙作《專注力》（日本能率協會管理中心出版）中，分別闡述了其方法論。而在本書中，我將更聚焦於人們在現實中所煩惱的重點，向各位傳達相關的訣竅。

「專注」將拉開人與人之間的差距

在疫情之前，第三與第四點都屬於個人的責任。

也有一部分公司會基於「健康經營」的考量，準備有健康飲食的員工餐廳等等，積極介入員工的健康管理。

不過，一般的公司多將這部分歸納於個人的責任，如果有人在其中導入「正念」等觀念，還可能被揶揄為「自我感覺良好」。不過在未來，人與人之間的差距將會進一步擴大。

原因在於：疫情帶來的變化，會讓前面提到的第一點與第二點也變成個人的責任。

然而，**在眾多的辦公室上班族之中，應該沒有幾個人能夠自行斟酌工作如何應對、行程如何管理。**

在日本，個人能夠完全自行斟酌工作型式的創意產業勞動人口，原本就偏低[註8]。一九六〇年只占了整體人口的5%左右，現在則是稍微高於15%。瑞典和挪威皆超過40%，義大利約34%、美國也來到約23%，由此可見日本相對偏低。

再者，日本不同於歐美成果主義的年功序列制（Membership，會員型雇用），其雇用型態相當重視職場氛圍，有許多人的工作方式就是要大家一起同進退。然而當前，**追求整體和諧的「鬆散式管理風格」，必然會因演變成遠距的關係而被破壞**。我自己也儘可能在修正目前的管理風格。

個人「投資」環境的時代

前面提到，環境（空間）也將變成個人的責任。

如同序章所述，未來將是個人有權選擇公司所提供的工作或任務的時代。

從更廣泛的角度來看，我們可以認為公司的工資，會等於角色期待的對價，減去用以整備辦公環境的營業費用。

大致上算一下的話，**光是公司所提供的「空間」費用，每人每月就要花費六萬日圓以上的成本**[註9]。

你可以想像，這些是在支付薪水之前就被抽取移交的費用。

當然還有交通費。如果交通每個月算一萬日圓左右，這就代表你「每個月有超過七萬日圓」的費用是列為環境投資的一環，由公司所提供。

在未來的世界裡，這些環境投資的責任都將轉移到個人的身上。

這就是為什麼我們必須主動創造一個**「讓自己更舒服、更有效工作的環境」**。

工作能力好的「條件」改變了

在疫情之前，所謂「工作能力好的人」，條件是「能夠高效且精準地產出」。

這是因為所有員工都身處同一個環境，所以我們只需要考慮個人的產出。

而在疫情之後，我們將這些要素進一步分解：

為了「能夠高效且精準地產出」，需要發想出能夠讓**「固有能力×用來激發能力的**

環境（空間・時間）」發揮加乘效果的方式。

到目前為止，我自認為我已經藉由閱讀商業書籍、學習新工具，以及時常接受公司的培訓來磨練技能，提升我的「固有能力」。

而在未來的世界中，即使是同一家公司的員工，**能夠「激發能力的環境（空間・時間）」也會因人而異**。

也就是說對個人而言，整備環境將成為未來的重要觀點，這點無庸置疑。

基於以上的理解，本章將陸續說明當前儼然已成為個人責任的「環境」「心態」和「健康狀態」的解決方案（「心態」的一部分也會在第二章中提及）。

整備「周遭的環境」

如同序章所述，居家上班的煩惱，會因下列四個因素而異。

1. 家庭結構
2. 環境準備度
3. 對工作的心態
4. 與公司其他人的關係

雖然在本書中會以第二項的方法論做為主軸，但第一項因素也影響很大，在這裡先為你稍微做個整理。

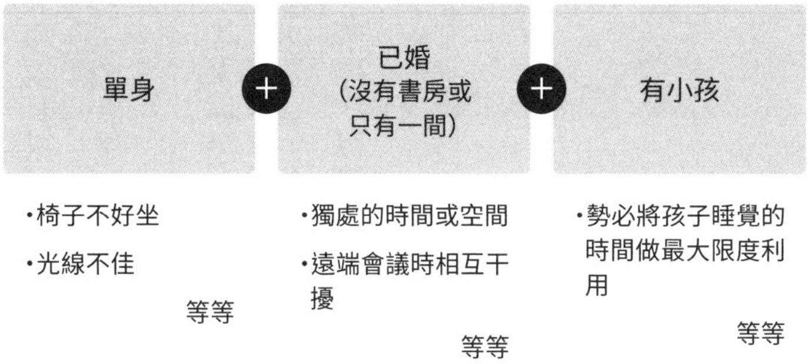

請見上圖。

想當然爾，**愈往右走，課題的種類就愈多。**

本書在針對單身人士的內容基礎上，一定程度涉及了右邊的那些問題。

啟動的速度能解決一切問題

依圖中的三個部分，不管是在什麼樣的環境條件、什麼樣的家庭結構下，我們都可以找到解決問題的共同機制。

那就是在從生活空間往返工作的循環之中，最重要的專注的「啟動速度」「深度．持續力」，以及「俐落脫離」的能力。也就是說，我們需要提升的是「切換」的能力。

舉例而言，那些得辛苦帶孩子的人，如果不在孩子突然把專注力放在別的東西上、不知道能維持多久的當下，將今天最必須深入思考的任務完成，就又只能犧牲自己的睡眠時間來完成工作了……。

這樣的例子屢見不鮮。

如果你能在閱讀本書的同時，思考為了提升啟動速度、維持深度與持續力，要如何營造空間與做好健康管理，那將是我莫大的榮幸。

那麼，就讓我們開始吧。

切換大腦模式的「環境調整法」

一開始必須要解決的課題就是「調整環境」。

「因為久坐而腰痛」

「和另一半搶著用客廳結果面臨離婚危機」

……等等，我聽到了各式各樣的煩惱。

這裡我們該注意的是要**「解決那些比辦公室還不如的地方」**。

如果是在辦公室裡，能夠自然而然地切換成「工作腦」；但一旦把工作帶到生活空間，這一招就無法奏效。

當工作入侵到生活空間，就會導致「工作・自我・人際」混淆在一起，頭腦也會變得混亂。

在序章中，我們曾提到切換「理性腦」「直覺腦」「宏觀腦」這三個大腦很重要。

當我們深入思考的時候，這三個大腦都會處於活化的狀態。

不過，理性腦是在邏輯思考（收斂）的時候發揮作用，直覺腦是在直覺思考（發散）的時候發揮作用，**這兩者很難在思考模式中並存**。

也就是說，我們最好要靠自己創造特別應用到其中一個大腦的狀態。

不管是什麼樣的工作，用以發想創意的思考和用以實際行動、說明的邏輯思考，兩者幾乎都不可或缺。

因此，我推薦你使用如下的技巧。

技巧1 「切換姿勢」就能幫助你切換大腦

我們 Think Lab 所打造的第三空間中，「理性腦」和「直覺腦」的座位是分開的，各自的姿勢也有所區分。

從事邏輯性工作的時候，為了活化「理性腦」，我們必須處於**「視野狹窄」「減少看到不相干東西」**的狀態，這樣可以幫助我們更容易進入沉浸狀態。

① 邏輯性工作的姿勢

- 在需要邏輯思考的工作中，我們需要轉換為「理性腦」。
- 重點：在良好姿勢的狀態下，以往下看的姿態縮小視野，減少周邊資訊。
- 可以準備這個狀態專用的桌椅、周邊配置（植物等）。

② 創意性工作的姿勢

- 需要邏輯思考的工作中，我們需要轉換為「直覺腦」。
- 重點：這時要保持寬闊的視野，採取可以放鬆的姿勢。
- 可以準備這個狀態專用的椅子或沙發。

相反地，為了在發想創意的時候活化「直覺腦」，讓副交感神經處於優位，最好處於**「視野寬闊」「明亮」**的狀態。

因此，保持可以在窗邊微微向上看的姿勢就是重點。

當然，一般人家裡要準備剛好符合需求、兩個以上的座位應該很困難。

不過，每個人家裡通常都會有可以放鬆的沙發，所以**該準備的就只剩用於邏輯性作業的椅子了**。

要讓「理性腦」動起來的話，**「能夠長時間坐下的桌椅」「遮蔽周邊視野的環境」「與人之間的交流方式」**很重要。

技巧2 投資讓你可以專注的「座椅」

在這之中最為重要的，莫過於「椅子」了。

在政府發布緊急事態宣言之後，辦公椅瞬間銷售爆量，在購物網站上訂購必須等上好幾個月才拿得到。

那麼，辦公椅跟一般家裡的椅子到底有什麼差別呢？

辦公家具製造商的開發人員是這麼說的：

「國人一天在辦公室坐著時間長達六個半小時。因此辦公椅的開發重點，就是讓人即使長時間處於坐姿也不會長褥瘡，並維持坐著時的透氣性。」

一般家具，特別是餐桌附的餐椅，以「木製」者為多。

木製的餐椅在製作時，並不會考量到需要坐上好幾個小時的需求。

工作無法投入時，**不是光靠精神勝利法解決「精神不振」「專注力不足」的問題就好，**

坐著的環境本身就是一個大問題。

然而，辦公家具也有辦公家具的問題。

並不是只要有一張辦公椅就好，還需要保持良好的姿勢才行。以下是兩個重點。

- **座椅要具備讓人能坐著超過六小時的彈性與透氣性。**
- **手臂靠在扶手上的時候，肘部要能呈90度角。**

此外，國人多半背部肌肉較弱。

因此像是打坐一樣的「正坐」姿勢（坐骨坐姿），對坐椅子來說是最合適的。

我個人推薦最好的椅子是這兩張：

- Keilhauer「Junior」[註10]
- Ayur Chair[註11]

這兩張椅子都能幫助使用者達到坐骨坐姿。

不過，不管哪張椅子價格都相對昂貴。但就算無法達到滿分，還是有以下兩個推薦的方法：

・矮桌搭配坐墊[註12]
・使用瑜珈球[註13]

如果坐墊和矮桌的高度不合，姿勢就會很辛苦。你可以在坐墊底下墊些雜誌之類，調整到讓你的手腕靠在桌上的時候，肘部能維持90度角。

另外，瑜珈球的難處在於比較大顆占空間，加上不是那麼透氣，所以長坐的話會時不時想起身。雖然感覺球好像很容易滾走，不過因為大多有附上固定球座，這點倒不成問題。

選一張好椅子很重要，不要一直維持相同姿勢也很重要。

最簡單的解決方法就是「站起來」。

最近也有許多主打能夠站著用電腦的產品，例如：

・FREEDESK 升降桌（可以1秒調整桌子高度[註14]）

・MOFTZ 隱形升降筆電架（極薄・快速切換四種模式[註15]）

如果使用這些工具，就能切換「坐著作業」和「站著作業」的狀態。

以我自己而言，雖然我不太會直接站著工作，**不過我會使用腳靠（墊腳椅）把腳放上放下；或是在遠端會議的時候站著講話之類。**

以上兩個技巧的重點，就在於先準備好能變換姿勢的空間，特別是確保能讓「理性腦」發揮作用的場所。

在第111頁，我們也提到了「遮蔽周邊視野的環境」和「與人之間的交流方式」的重要性。關於這幾點，讓我們接著看看下一項技巧吧。

技巧3 創造私人空間（遠離家人・床・沙發）

居家上班時和家人的地盤之爭，請見第117頁左圖的說明。

如果是單身套房的情況，工作將會侵蝕到你的自我空間；如果是兩人以上家庭的情況，不管是家人還是工作被帶到私人空間所導致的衝突，都會造成各種不同的煩惱。

特別是住在單身套房生活的人，**如果沙發、床和自己的嗜好都在目光可及之處，要維持堅定的意志就難上加難了。**

當我們想專注工作的時候，視野周遭的資訊都會成為阻礙。

結論就是**「東西要愈少愈好」**。

以此為前提，請將你的書桌轉向不會看到床或沙發的方向，這點相當重要。

你必須讓空間設計可以輕易劃分出不同區域。

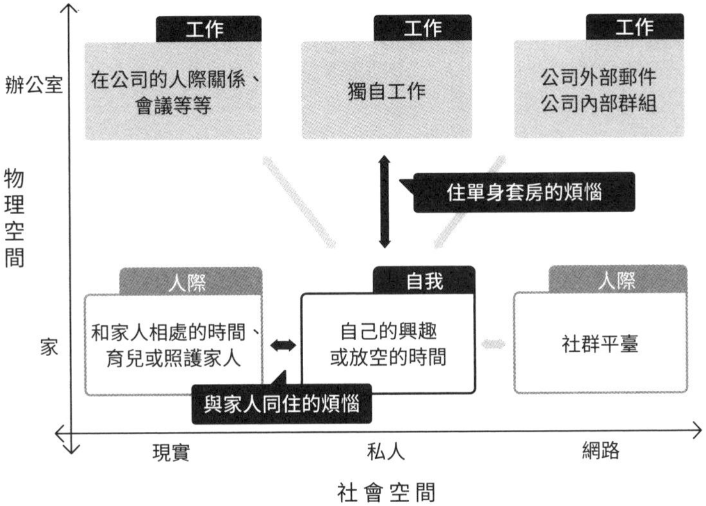

此外，為了避免看到床，我想有很多人會面對牆壁工作。

而一旦如此，也會產生無法創造「餘裕」的問題（這點留待第121頁的「視覺」一節中說明）。

接著，就是超過兩人＋超過兩間房間的組合。你知道**「個人空間」**的概念嗎？

該研究顯示：根據人際關係的種類不同，人與人之間的距離也會有所不同。在疫情時期流行的「社交距離」便是由此而來。

這聽起來好像是理所當然的事，因為我們一直以來，都是根據溝通對象的不同來改變距離。

個人空間

1966年美國文化人類學家愛德華・T・霍爾提出的
「空間行為學（Proxemics）」（空間關係學）理論。

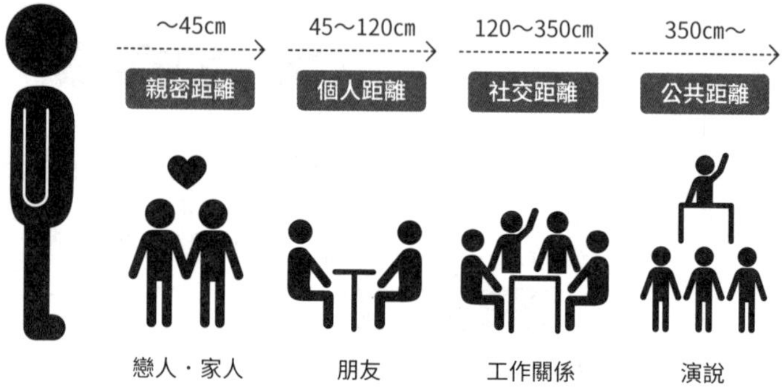

但如此一來，居家上班期間就會發生以下的問題：

「在社會空間感覺是工作模式（感覺距離超過120公分）；**但在物理空間卻是以家庭模式度過（只有45公分的距離）。**」

一般而言，每個人辦公室桌椅都會和其他人保持120公分以上的距離。

但如果是家中的餐桌，和旁邊的人的距離就只有45～60公分。

而如果是坐在沙發上，距離就更近了。

這如果是在「人際」的時間，還不會有什麼大問題；**但如果是在「工作」的期間，就會讓人難以進入深度專注的狀態。**

這不單只是距離的問題，還有家人會進入視線範圍內、聽到聲音或東西發出聲響等等，光是這樣就足以導致工作模式無法銜接。

為了達到深度專注，在進行極其重要的工作與開會的時候，我們必須創造和家人之間的「空間」。一天兩小時左右，在時間中創造「空間」是很重要的。

所謂「三間」的概念，就是深入考察此主題的樂天人類與文化研究所發表的想法。我在第71頁也稍微提到「人與人之間」「時間」「空間」這三個間。

透過連接「人與人之間」、劃分「時間」、整頓「空間」，就能打造一個讓人將原有力量發揮到最大限度的環境。

其本質，就在於填補這三者之間的「間隔」。

在「人與人之間」「時間」「空間」這三個重要的外在環境與你自己之間，還有第四個「間」，那就是「間隔」。如果少了這個「間隔」，就無法將原有的力量發揮到最大限度。

失去移動過程等間隔，可能是我們莫大的損失。還請把它找回來吧。

給予自己「活化五感的刺激」

思考如何提升專注程度的時候，**「照明環境」**其實是重點之一。

讓工作者的「五感刺激」達到最佳化，正是 Think Lab 擅長的領域，而其中也包括照明在內。

在經濟產業省的國家級專案中，Think Lab 進行了一項實證實驗。我們透過 JINS MEME 智慧眼鏡量測五種感官刺激對專注力的影響程度，並展示能達到什麼樣的效果[註16]。

結果顯示：那些實踐了書中所介紹的五感刺激的人，其專注力提升了8.8％。

而在五感之中，「視覺」「聽覺」和「嗅覺」更是與專注程度息息相關。

接下來將為你說明各種提升專注力的解決方案。

技巧4

讓視覺最佳化的「照明亮度・色調」

一般辦公室的照明通常會採取**「冷色系晝光色」**。這樣的照明系統，特色在於多搭配所謂的「藍光」（Blue Light），而這其實是在模仿白天天空的光線。

另一方面，家中的照明則多是模仿傍晚天空光線的**「暖色系燈泡色（黃光）」**。家裡原本就不是用來工作的地方，而是為了自己／與家人間的相處所打造的場所，因此才會採取**適合進入「放鬆模式」的照明**。

我們人類，基本上是一種晝行性動物。如果沒有沐浴在白天的陽光下，就很難讓頭腦變得清醒。

人類的生理時鐘，是透過光線平衡與進食時間進行調整；一旦這些節奏被打亂的話，要切換工作模式也會變成難事一件。

如果一整天都關在家裡遠距工作，卻一直沐浴在暖色系的光線底下，就有可能影響到專注力。

這裡有一個請你務必嘗試的技巧，那就是**「根據時段調整照明的顏色（色溫）」**。

最近有很多照明系統，能夠透過遙控器來調整色溫。

只要利用這點，**就能在工作途中、需要提高專注力的時段選擇「冷色系」；在結束工作、想放鬆之際將燈光切換成「暖色系」**。

根據不同時間調整照明，也能夠一併整頓生理時鐘，讓你的健康狀況變得更佳。

這個技巧非常有效。我們進行了在不同照明下簡單工作兩天的實驗。在實驗中，我們將受試者分為兩群人：一群人在工作第一天有調光・調色，另一群人則沒有。隔天，我們發現這兩群人的專注程度產生了8.2％的差異。

這是個相當簡單的方法，但卻有很多人從來沒嘗試過，還請你務必試試看。

反過來說，如果是在晚上需要專注的時候，使用「冷色系」的照明應該也能發揮效果。

以我的朋友為例子，當他必須熬夜認真生出一份企劃書的時候，就會把房間裡的燈全都關掉，並將電腦的亮度開到最大。

只要讓房間變暗，瞳孔就會放大，進入眼睛中的藍光也會隨之增加，使人變得清醒。

像這樣讓自己的腦袋清醒，使交感神經主導大腦，就能活化「理性腦」，以白天的狀態工作。

然而，這並不是一個健康的方法。**建議你只在「非不得已」的時候將其當作最後手段。**

此外，近期的研究也發現，讓藍光**「從上方進入眼睛」**，能夠增強活化大腦的效果（從視網膜下方進入的藍光則有讓人清醒的效果）。

因此你可以透過檯燈等設備，讓光線從你前面的上方照下來，這能幫助你更容易專注於眼前的事物。

順帶一提，我前面提到的那位朋友，他會在想深入思考時使用「MacBook」，在從事單純工作或與人溝通時使用「Windows 電腦」，根據不同的情境採用不同設備。

這樣的切換可以改變視覺，也有一定效果。

因為人類的大腦，很大程度上是受到視覺控制。

根據工作類型不同，來決定使用什麼樣的設備、採用什麼樣的光線，對於達到深度專注來說相當重要。

技巧5 讓視覺最佳化的「植物配置」

關於視覺，我還有一個想介紹的技巧——「植物配置」。

這代表你應該在目光所及之處擺放植物，讓自己看得到它們。

我想大家應該都聽過「看點綠色的東西對眼睛比較好」的說法。

而實際上，綠色確實有降低壓力與減輕疲勞的效果。

進一步詳細說明的話，我們視野的120度內包含綠色的比例稱為「綠視率」（Green Looking Ratio）。**研究顯示，當綠視率達到「10～15％」的時候，可以讓我們的專注程度達到最高。**

人類有87%的資訊都是從視覺取得。

如同第114頁所述，如果我們每天只能面對電腦、牆壁和桌子，視野中就只會充斥人造物品跟無機物質。

如果每天持續這樣8小時以上，我們就會失去眼前的「餘裕」，感覺變得很差。

我們之所以只要看到植物就會「感到平靜」，是因為植物為我們帶來了餘裕，使得副交感神經處於優位的緣故。

只要能讓副交感神經處於優位，創造出放鬆的狀態，我們就能在工作上維持更長時間的專注。

這還有誘發「直覺腦」的附加效果，讓我們更容易發想出新點子。

如果你感到創造力低落，不妨試試在桌子周圍放上一盆觀葉植物吧。

技巧6

讓聽覺最佳化的「自然背景聲」

時常有人詢問我：「想專心的時候可以聽音樂嗎？」「專注的時候到底「該不該有聲音」，每個人習慣不同。到底是沒有聲音的時候比較專注、一邊放音樂對工作進度比較有幫助，還是要像在咖啡廳一樣，聽得到周圍的人講話的狀態會比較好呢？

這其實因人而異，不存在適用於所有人的共通方法。你只能進行各種嘗試，找到最適合自己的模式。順帶一提，也有人是需要把音樂開超大聲才能專注。

以此為前提，我比較推薦的方法就是**「聽你用來思考的語言以外的語言的音樂」**。舉個例子來說，如果你在思考日文的時候又一邊放日文歌，大腦裡的語言區就會忍不住去意識到它，讓你失去專注力。

此外，還有一種叫做**「白噪音」**的聲音，它均勻涵蓋了人類能聽到的所有頻率的聲音。

研究表明，只要涵蓋到所有頻率，就會讓大腦難以去識別周圍的聲音，進而提升專注力。

你可以搜尋白噪音的相關 APP，播放看看效果如何。

河流的潺潺流水聲和鳥鳴聲等「自然背景聲」，也有助於提高專注力。只要播放這些自然背景聲的「高解析度音樂」（Hi-Res Audio），就會很有效果。

高解析度音樂有**「遮蔽效應」**（Masking Effect），可以將家庭生活的嘈雜聲響從工作模式中屏蔽掉。所謂的「遮蔽效應」，指的是當兩種聲音重疊時，其中一方會被淹沒並變得聽不見的現象。

你可以依據自己處於「工作．自我．人際」中的哪個模式，來分別使用不同工具。**以確保你在自己的時間，和在工作時間時是處於不同類型的聲音環境。**

技巧7

準備「提升專注力的香氣」，讓嗅覺最佳化

據說自古以來，「香氣」就被應用來提生專注力。到了現代，我們也可以輕鬆買到許多派得上用場的香氛和薰香。

而在香氣的應用上，根據用途正確選擇很重要。

一般來說，**「薄荷」或「迷迭香」的香氣有助於專注，想放鬆的時候，則推薦「薰衣草」的香氣。**

這也可以根據「工作・自我・人際」的時間做改變，讓它更有效果。

也有研究表明，如果在休憩時間單獨專注於香氣上，能達到接近「正念」的靜心效果。也有愈來愈多零售商店會打造符合品牌概念的原創香氛，讓進入商店的顧客感受到轉換氣氛的效果。

我們 Think Lab 也正在調整前面提到的香氣配方，嘗試開發出最有助於提升專注程度的香氛。

順帶一提，是否施放香氛，會讓專注力的持續時間產生「5％左右」的變化。

我自己也分別會在工作時間和就寢時間使用截然不同的香氣。

在工作之前，我會使用加入 Think Lab 原創香氛的擦手巾，**同時刺激觸覺與嗅覺，打造進入工作的入口。**

想脫離工作狀態的時候，我則會點起在睡前也會使用的檸檬草香氛。

據說我們在工作時使用的五感，其中視覺占了87％，聽覺則占了7％。

也就是說，我們有94％的五感都在不斷接收刺激。

因此，我才會用香氛和擦手巾「故意刺激」平常刺激不太到的嗅覺和觸覺，讓頭腦可以從工作模式中切換。各位讀者也不妨試試。

技巧 8

藉由通風降低「二氧化碳的濃度」

雖然感覺和五感沒有直接關聯，但其實**「通風」**也是一個有效的方法。

實驗表明，空間中的二氧化碳（CO_2）濃度會影響專注力和工作表現。

我們的實驗結果顯示：**在二氧化碳濃度較低的情況下，人們會更容易專注。**

此外，室溫也有一定影響。**結果顯示，男性在「23℃左右的環境下」，女性在「25～26℃的環境下」最容易保持專注。**

具體來說，室內的 CO_2 濃度最好保持在 800ppm 以下；如果超過 1000ppm，專注力就會中斷。

雖說如此，我們也很難時時刻刻去量測二氧化碳的濃度。最好的方法就是**「每隔幾個小時就開一次窗戶」**，讓二氧化碳的濃度不要太高。

你可以應用前面所提到的「香氣」，與通風、室溫控制相互搭配，創造更適合專注的環境。

技巧9 藉由「反覆動作」讓觸覺最佳化

在序章中分解專注力因子時，我曾提及「持續力」這個關鍵字。

只要工作或作業時間拉得愈長，專注力就會愈低落。以下將介紹這個情況專用的解決方法。

造成人們無法持續專注的原因之一，就是**「工作記憶低落」**。

所謂的「工作記憶」（Working memory），是用來暫存並處理作業時必要資訊的腦內系統。工作記憶如果持續運作，就會慢慢累積疲勞，讓系統漸漸無法正常運作，最後造成工作效率也跟著變低。

我們都知道人不可能一整天都持續做同一件事情，**專注力會隨著時間慢慢下降，這點在大腦機制上無可避免。**

不過，只要「恢復」我們的工作記憶，就能提升專注的持續力。

能有效恢復工作記憶的方法，就是有益於大腦血液循環的「反覆運動」。

有實驗證明，「咀嚼」這個動作特別有效。

一項以現任大學職員共一百二十九人為對象的實驗，發現在工作時嚼口香糖能有效降低壓力與疲勞，並抑制分心與粗心。

除此之外，還有其他類型的反覆運動。

有很多人一覺得煩躁就會開始「抖腳」，這其實也是一種反覆運動。據說這個動作可以讓副交感神經處於優位，使人平靜下來。

如果你是在家遠距工作，在不造成別人困擾的情況下，**說不定抖腳會很有效呢**。

另外，在工作的時候，你可能從來沒有意識過「觸覺」。

但在我們切換大腦模式，試圖專注於眼前的事物時，其實都會應用到觸覺刺激。

你可以透過觸覺刺激，諸如**「打開窗戶吹吹風」**或**「用涼感濕紙巾擦臉」**等等，養成切換大腦的習慣。

至此，我已經講述了用來「刺激五感」的6種技巧。

綜合前述，能刺激五感的環境如上圖所示。

這裡還有一個重要的地方，那就是「乾淨的辦公桌」。

如果你的眼中映入了當下應該專注的對象以外的資訊，你的專注力就會分散。

待辦清單或行事曆也是一樣。

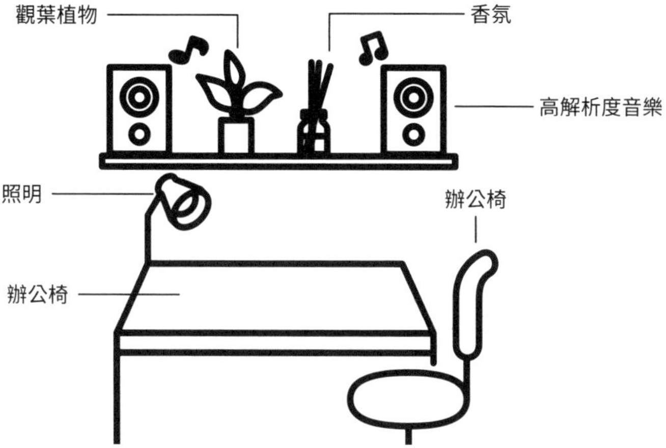

「隨時都看得到」就代表「隨時都得去想它」。

只在需要確認時才去查看你的待辦清單。並確保你的行事曆要放在自己不會一眼看到的地方。

此外，**最佳的辦公桌尺寸約為「95公分寬」**。如果桌子太寬，你就會把文件隨手丟在桌上；只要一看見這些東西，你的專注力就會變得分散。

雖然考量到現實，我們無法在家裡打造全面100分的空間，但就讓我們從每個觸手可及的地方開始吧。

將工作的開始與結束變成「慣例」

在上一節中，我們已經介紹了與五感刺激有關的方法；不過創造一個能在工作開始的時候，幫助你切換到「工作模式」的慣例也至關重要。

這不是叫你靠意志力告訴自己「好！我要開始工作了！」**而是去建立一種自然開始的方式。**

不管做什麼工作，在開始之前一定都痛苦萬分；但一旦開始了之後，它就不會那麼痛苦了。

也要等到你真的開始工作，你的大腦才會開始運作。

在過去，我們自然而然會透過「換上西裝等工作服，搭乘電車通勤」的慣例，幫助自己進入工作模式

時間長短可能因人而異，**但我們大概都要花上約莫一個小時的時間，才有辦法名正言順地站在工作的入口。**

而在失去了這種慣例的世界裡，我們又該怎麼辦呢？

我有位早在疫情前就辭去工作、成為自由工作者的朋友，他所提供的智慧正好可以在這裡派上用場。

技巧10 打造「工作的入口」

我的某位朋友，曾告訴我他在成為自由工作者的第一天的感覺。

「在公司強制規定要幾點上班的時候，我總是會強迫自己開機，進入工作狀態。

「但現在已經沒有人強迫我了，我必須靠『自己的意志力』開啟工作狀態。這比我想像中的還難，因為必須動用到更多的決策資源……。」

從那之後經過了超過十五年，他持續經營個人事業後得出的心法就是**「每天一早就穿上一件工作用外套，即使是在家裡也要穿」**。

雖然並沒有實驗數據可以證明這件事有用，但我認為借鑑前人的智慧是相當重要的。我自己也效法這位朋友，將**「穿上工作服」「戴上手錶」**這兩件事變成工作上的義務。我特別推薦戴手錶這個動作。**因為我們一旦打開電腦工作，就會時不時瞥見自己的手腕，光是讓這樣的光景映入眼中，就有助於讓大腦切換到工作模式。**透過這樣的方式建立慣例，對獨立作業而言不可或缺。

除此之外，我在每天早上還會做這幾件事：

- **每天早晚和團隊成員打招呼，簡短交流**
- **一定會刮鬍子**
- **泡個45℃的熱水澡**

特別推薦早上容易精神不振的人洗熱水澡，這能夠大大刺激身體機能。藉由給予這樣的刺激，人體會分泌一種名為「皮質醇」的壓力荷爾蒙，使血糖和血壓升高，藉此喚醒大腦。

水溫建議可依你自己的習慣調整，但這絕對有助於提升早晨的專注力。我也會趁這個時候刮一刮鬍子。

無論是洗熱水澡或是刮鬍子的動作，都和前面提到的刺激五感息息相關。只要讓大腦留下深刻印象，就能創造「是時候開始工作了」的訊號。

此外，每天早晚向工作團隊打招呼，也是我一定會做的事情。

與團隊成員分享工作開始和結束的時機，目的在於創造一種「我們正在一起工作」的共識。

這在遠距工作時代也是相當重要的儀式。

遠距工作模式會帶來不可避免的孤獨感，並剝奪人們在心理上的安全感。

只要彼此確認大家是同時開始工作，便能夠消除諸如「他是不是覺得我沒在做事……」之類的相互猜忌。

還請務必跟你的團隊共同建立一個能當作工作入口的慣例。

技巧11 確保「工作的出口」

雖然我們常聽到「無法順利開始工作」的煩惱，但「無法順利脫離工作」的問題同樣嚴重。

個性認真又抱持強烈責任感的人，往往會難以脫離工作狀態，**或對休息感到內疚**。

在本書中，我們採用了「積極休息」這樣的表達方式。為了能在工作時達到深度專注，在工作中維持一定的節奏感，該休息時就好好放鬆很重要。

如果你試圖躺在沙發上小憩片刻，緊張與放鬆的程度大約會落在「3：7」，這可能讓你不小心陷入懶散的狀態。

如果想要中途休息，那就好好小睡20分鐘左右，或者是去沖個澡比較好。

一般在公司上班的8小時裡，我們可能會跟人聊天、出去吃個午餐，或是移動外出之類，由外部因素為我們創造放鬆的時間雖然上班時間是5個小時，但實際上全心用於處理工作的時間，應該只有5到6個小時左右。

但如果是居家上班，實際上工作的時間就有可能超過8個小時。

特別是那些並非從事一般業務，而是從事創造性工作的人，和那些疫情前有明確上下班打卡時間的人不同，他們很容易陷入一直無法脫離工作的狀態。

此外，如果你是單身獨居，可能就會覺得自己像是個**「離考試還有半年左右的全職考生」**，工作時間彷彿變得永無止盡。

為了擺脫這樣的困境，下定決心積極休息是很重要的。

「在沙發上就不要做工作的事情」

「在客廳的時間只能跟家人一起度過」

像這樣配合「工作・自我・人際」決定好場所，為自己創造工作的出口吧。

有人可能因為空間有限，不管吃飯、工作還是嗜好，都只能在同一個場所進行；但即使是這樣的情況，也可以儘量改變環境。

到目前為止，已經為你介紹了建立慣例，幫助你面對每天、每個小時都必須完成的任務，而不是單靠意志力撐過去的方法。

創造工作的入口與出口，在這之間以深度專注的狀態完成工作吧。

找回「創造力」

「我感覺自己的發想能力變差了。」

「在家裡工作都想不到好點子。」

我聽見許多人有這些煩惱。

如同在第125頁所看到的，如果不透過五感刺激等方式創造火花，創造力也會隨之低落。

我們可以在此統整出兩個主要課題，進一步加以整理。

第一個就是環境的課題。

原因在於：如果一個人幾乎不出家門，就會一直被相同的人造物品包圍，生活中沒有火花，姿勢也會變得固定，導致思考模式變得單調。

還有一個就是溝通的課題。

原因在於：每天只能透過遠端會議，持續聽覺和視覺約為「8：2」的對話；藉由遠端會議的有效運用，那些遵照議程進行、波瀾不驚的會議也不斷增加。

不管是哪個課題，你應該都能感同身受才對。特別是那些創意工作者，對此應該更會頻頻點頭才是。

人類在什麼樣的條件下才會變得有創意？

在介紹解決對策之前，讓我們先看看什麼樣的狀態才是「創意湧現的時候」。

你是否聽過「機緣巧合」（Serendipity）這個詞呢？

所謂的「機緣巧合」，其定義是**「在尋找某個特定的東西的時候，偶然發現了別有價值的東西」**。這個「別有價值的東西」就是創意。

乍聽之下，創意好像是偶然間就會遇見的東西，但其實還是有點細微差異。

創意的想法並非突然從天而降，而是將數種已知的思考結合在一起，從而產生新的發想和發現。

換句話說，當你擁有迄今為止獲得的知識和智慧，並從外部獲得其他知識的「加乘」時，這個機緣巧合就會發生了。

這裡有兩個重點：**「專心思考一件事」**和**「不要試圖加乘」**。

把任何人都想得到的東西相互加乘，那也只不過是一個普通的想法。

乍看之下，把不太可能連結在一起的東西相互加乘似乎就很重要。能夠實現這個想法的思考，就是能夠活化「直覺腦」的思考，也是本書的關鍵字之一。

要從「理性腦」切換到「直覺腦」時，必須經過「宏觀腦」。

「宏觀腦」會從鳥瞰的角度掌握事物的狀態，就像在具體和抽象之間來回穿梭。

如果能擅於切換不同大腦，就能提升想出新點子的機率。

然而，許多人的工作腦都被「理性」佔據了。

只要敢於拋開邏輯，在「不負責任的狀態」下以天真的角度思考事情，「機緣巧合」就會更容易到來。

將疫情之前和現在相比，提升這個機率的任務等級已經大大不同。考量到這一點，就讓我們看看有哪些可以發揮創意的技巧吧。

技巧12
創造自己的「三上時間」

據說偉人發想出某個創意的瞬間，往往出乎意料隨意。

有一個詞和前面所提到的「機緣巧合」很接近，那就是古代中國所傳頌的「三上」。

這個詞是用來表達激發創意的狀態，指的是：

- **馬上：騎馬的時候**
- **枕上：準備睡覺的時候**
- **廁上：待在廁所的時候**

以上這三個場所。

這代表當你騎著馬移動、咚地一聲倒到床上，或是正在如廁的時候，偉大的創意就會突然出現。

但正如同我前面所提到的，這並非每個人都會發生的事，它只會發生在那些對一件事有深刻思考經驗的人身上，而且是偶然發生。

那些「機緣巧合」會在你深入思考某件事，然後突然抬起目光、從鳥瞰角度觀察之際來敲門。

再容我擅自加以定義的話，可以將其想成是**「在自己獨處時，接收到不同以往的五感刺激的時候」**。

如果每天都在家裡和家人一起度過，找不到自己獨處的時間，也就難以接收到不同以往的五感刺激。

為了克服這個障礙，還請務必嘗試第120頁提到的「五感刺激」技巧，創造屬於「自我」的時間。

請檢視一下你是否能擁有自己的時間，為自己在一天中創造一個屬於自己的「三上時刻」。

技巧13 重新審視「閒聊」及「接觸新的人」

遠距工作的情況下，「漫無目的閒聊」將會變得更少。即使是在疫情之前，無論是減少喝酒應酬，還是撤除吸菸區，都讓人們的談天場所逐漸消失了。

在早稻田大學商學院入山章榮教授所引用的「兩利經營」思想中，有以下的說法[註17]：

「為了帶來創新，『探索知識』和『深化知識』這兩者不可或缺。擴大知識範圍（探索知識），並不斷加深某些領域的知識（深化知識）。只要提升這兩個因子，就能增加創新的可能性。」

這裡要討論的是，日本企業內部往往傾向內包，缺乏「對知識的探索」，也很少會接觸到多元化的價值觀和理念。我們時常聽到「自失落的十年以來，創新就不再發生」。

正如我在前面機緣巧合的部分所說，創新不太可能從零開始。當多種既有的知識與智慧相互加乘時，創新才會發生。

包括日本企業在內，日本人連個人都缺乏「求知精神」。這裡可以提出兩個解決方案，那就是**「有意識地留出時間，與時常說話的人閒聊」**和**「增加與那些你從未說過話的人交談的機會」**。

在過去的一個月裡，你曾經跟團隊成員閒聊過嗎？還是有任何新認識的人嗎？光靠等待是無法解決任何事情的。無論話題是否由你來主導，都可以漸漸創造差異。關於閒聊的部分，可以舉辦一個時尚的遠端酒會，或者按照第136頁所介紹的，向團隊成員早晚打招呼。

我還為此準備了一些哏，好讓自己可以**在一開始的三分鐘先講述一個與主題無關的小故事**。

在某個時期，我們常聽到共同工作空間（Co-working Space）這個詞。這是WeWork等公司所提倡的模式，同時也是針對前面提到的「探索知識」的舉措。

透過讓不同公司在同一個空間工作，預期能增加創新的可能性。但如果是居家上班，我們可能就只會增加與同一個人的進一步對話，不會有類似閒聊的溝通交流。

為了避免這種情況發生，讓我們從戰略考量思考溝通這件事吧。

落實「健康管理」

自從二〇二〇年四月發布緊急事態宣言，使得居家期間延長，人們外出的機會就大幅減少。

這也導致許多因運動不足而發生的健康管理問題。

然而，早在疫情之前，上班族們就常常為「眼睛疲勞」「心理壓力」「睡眠」「飲食」「肩頸痠痛」等煩惱所苦。

前面已經介紹了幾個解決對策：針對「心理壓力」，我們應該積極休息來轉換心情；針對「肩頸痠痛」，我們可以調整椅子或坐在桌子前的姿勢來改善。

在這裡將繼續針對「眼睛疲勞」「睡眠」「飲食」，介紹預防醫學公認有效的方法，以及從我們的研究觀點出發，對上班族有效的方法。

技巧14

透過「抗藍光對策」讓眼睛休息

我們在此要討論眼睛疲勞的原因，以及和專注力之間的關聯。

各位有聽過「VDT症候群」這個詞嗎？

「VDT症候群」（Visual Display Terminal，指電腦、手機、電視遊戲機等電子設備的視覺顯示終端）也稱作「科技壓力眼症」，是因每日持續使用電腦、平板和手機而導致眼睛乾澀、肩膀僵硬、煩躁和焦慮等身心障礙的疾病。

導致這種疾病的主因之一，就是電子設備發出的「藍光」。

如同我在第123頁所提到的，藍光是人眼可見光中能量最強的光；當它到達視網膜時，會對眼睛造成傷害。

根據研究報告，過度暴露於藍光可能會破壞荷爾蒙平衡和內部節律，導致失眠。

此外，當我們處於高度專注的狀態時，眨眼的次數會減少。這會讓淚水蒸發，出現眼睛乾澀、視線模糊、看不清楚等症狀。還有一份研究報告指出，上班族每三人之中，就有一人患有乾眼症。

更重要的是，如果你過度專注於工作，交感神經就會持續活躍，麻痺副交感神經，讓它無法轉換到放鬆的狀態。

如果發生這種情況，就會因自律神經失調而導致失去動力、躁鬱和焦慮。因遠距工作盛行，讓愈來愈多人每天盯著螢幕看，伴隨而來的便是上述的風險。

首先，我建議的方法是**「每工作1個小時，就休息一下」**。休息時還請儘量從陽台或窗戶遠眺。人類原本就是透過遠眺來尋找獵物，所以只要登高望遠，就會進入興奮狀態，讓交感神經切換到優位運作。

不過到了現在，因為人們只要在近處看到電子設備就會進入興奮狀態，所以在經過一段時間後再遠眺，有助於恢復自律神經的原始狀態。

當然，熱敷或按摩眼睛也是種有效的方法。JINS正在開發電腦作業專用的眼鏡，也在考慮導入此功能。

藍光的可怕之處，**在於它會在不知不覺中損害你的視網膜。**

這本書的主題是「專注」，但當你愈專注，眨眼的次數就愈少，最後其實會干擾到你的專注。

建議你透過有意識的眨眼或定期休息（每工作1小時就休息15分鐘），保持眼睛裡的水分。

技巧15 戒掉睡前滑手機，起床時沐浴晨光

睡眠對於提高專注力非常重要。然而，有研究報告指出，日本人的平均睡眠時間低於世界的平均值。

此外，據說日本男性更容易因骨骼的影響，而罹患「睡眠呼吸中止症」。

大腦中被稱為「海馬迴」（Hippocampus）的部分特別容易受到睡眠不足的影響。海馬迴具備暫存輸入資訊的功能，如果海馬迴的功能下降，短期記憶能力就會衰弱。這將導致大腦無法管理同步執行的任務，妨礙我們的專注力。而良好的睡眠，正是良好專注力的必要條件。

那麼，我們要怎樣才能睡個好覺呢？

在這裡，我們先談談**「入睡時間和睡眠深度」**以及**「好好睡醒」**。

首先，是關於入睡時間和睡眠深度。

第62頁介紹的「快速動眼期」和「非快速動眼期」睡眠分別具有「讓身體休息」（快速動眼期睡眠）和「讓大腦休息」（非快速眼動睡眠）的作用。

這兩者會以90分鐘的睡眠週期交替。

由於它們扮演的角色各異，能否順利交替就相當重要。

如果想睡個好覺，最好不要在睡前刺激大腦，才能在放鬆的狀態下入睡。

因此，**請避免在睡前滑手機**。

手機發出的藍光會抑制睡眠激素「褪黑激素」的分泌。

很多人會一直滑手機滑到自己快睡著為止，但還請不要這樣。我相信這樣你才可以睡個好覺。

其次是「好好睡醒」。

要想好好睡醒，**「沐浴晨光」**很重要。

沐浴在早晨的陽光下時，人體會分泌穩定情緒的「血清素」，促進自然甦醒，而且有助於活化大腦。

以上兩項方法都相當簡單，正因如此，你不能笨到去忽略它。

雖然看似簡單，但睡眠品質可是直接關乎「工作品質」。

還請趁著這個機會養成良好習慣吧。

技巧16

低GI值食品與咖啡因攝取對策

大腦的能量來源是糖分（葡萄糖）。

因此，它對「血糖高低」非常敏感。當血糖大幅波動時，我們的專注力就會降低，引起嗜睡和煩燥。

考量到維持專注力，「維持血糖穩定」可說相當重要。

為了控制血糖，建議攝取**「低GI食物」**。

GI值（升糖指數，Glycemic Index）是表示食物中所含糖分升高血糖速度的數值。

低GI食物所含的碳水化合物在體內會被緩慢吸收，進食後血糖會緩慢上升，有助於維持專注力。

「吃完午餐就開始昏昏欲睡。」

我想每個人都有這樣的經歷。

這是因為我們午餐常吃的白飯或麵包GI值很高，會導致血糖急遽上升。

如果吃完午餐後容易感到無法專注，請嘗試改以**「蕎麥麵」「義大利麵」「豆製品」和「菇類」**等低GI食物替代原本的主食。

低GI食物也有助於節食，因為它們會降低血糖，並且不會產生促進脂肪合成的胰島素。

此外，用餐順序也會對血糖變化產生很大的影響。

如果先吃含有大量膳食纖維的食物（例如沙拉等等），就能大幅抑制血糖的上升幅度。難怪吃套餐的時候都會先上沙拉和湯，這有其道理。

此外，關於專注力與飲食方面，許多人會在工作時喝咖啡或喝茶。

眾所周知，咖啡和茶中所含的咖啡因會刺激交感神經，進而活化我們的意識，形成專注的狀態。

特別是日式綠茶（玉露），它所含的咖啡因是咖啡的2.5倍。並含有一種名為「茶氨酸」

的成分。茶胺酸會作用於副交感神經，以進壓力緩解和放鬆。適度的放鬆可以提升專注的品質。

根據不同情況飲用不同飲品，也有助於大腦切換。不妨嘗試看看，好好切換你的大腦模式吧。

另外，**過了傍晚就儘量不要再攝取咖啡因。**這是因為咖啡因的提神作用，會影響到你晚間的睡眠。咖啡和綠茶要在傍晚之前喝，如果晚上真的還想喝些什麼，就請喝些不含咖啡因的飲料吧。

以上為你介紹是在健康管理之中保持「深度專注」的速效方法。

不管哪種方法，都是從今天就能開始。**正因為很簡單，許多人會嗤之以鼻地說「這我早就知道了」，卻沒有真正做到過。**還請務必好好實踐。

在本章中，主要是針對「第一空間（家）」介紹贏回「深度專注力」的解決方案。

從下一章開始，我們將從「第二空間（辦公室）」和「第三空間（其他）」的角度，談談專注的策略。

第2章

找回「讓自己可以專注的場所」

——決定「該在何時、何處工作」

不管在哪裡都能工作的時代

「在家工作不成問題。」

這是日本最大線上金流服務公司 GMO，其創辦人熊谷正壽先生在二〇二〇年一月所說的話。

在GMO，即使4650名國內員工中有4000名被要求「明天開始居家上班」，也沒有出現什麼大問題[註18]。

疫情的問題可能會讓人「好了傷疤就忘了疼」；但事實證明，**有很多工作完全可以在家上班沒問題。**

這樣的潮流應該會繼續強勢前進。

而事實上，在疫情發生之前，政府和大公司就已經在推廣遠距辦公。

我先簡單介紹一下其背景。

每個人的心底都渴望「快點改變」

總務省和國土交通省在二〇一七年制定的目標，是「在二〇二〇年，即預定舉辦東京奧運和帕運的那一年，讓遠距工作者的比例達到15.4%」。

據說是因為預想奧運期間觀光客會大幅增加，如果每個上班族都還是去擠電車，就有可能導致首都的功能停擺。

東京有大約350萬人的上班族，**因此需要約54萬人讓遠距辦公成為常態**。然而，所面臨的狀況是缺乏足夠的基礎設施，例如共享辦公空間。

配合政府方針，日立集團宣布將「創建一個可以讓10萬人在自家或在旅途中工作的系統」，住友商事和三井物產等公司也宣布「將全面導入遠距辦公」。各大企業都試圖合力推進遠距辦公的潮流。

然而，在這裡遇到了幾個大問題。

遠距辦公，反而可以更專心！

以微軟為案例，數據證實導入遠距辦公可擴大提升產能的主要因子，也就是「專注力」。

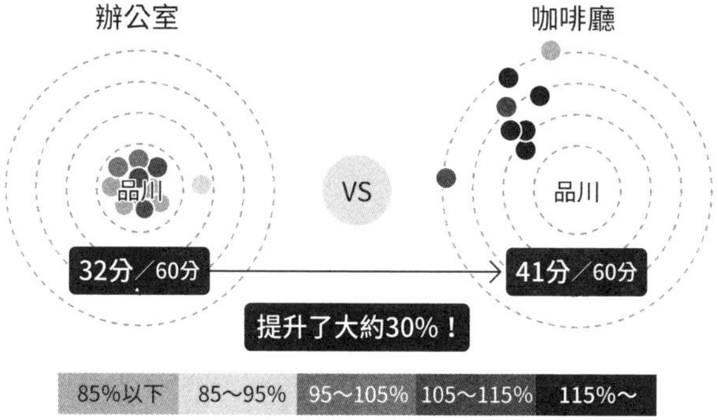

達到專注狀態的平均時間占比與差異

- **「科技素養低落的中階主管歐吉桑」大力反彈**
- **「電腦有被偷看的風險」等安全性問題**

基於上述原因，這股風潮一度戛然而止。

此時，JINS為總務省的遠距辦公推廣方針提供了資訊方面的支援。

如上圖，在與微軟的聯合實證實驗中，結果顯示**「在家或在咖啡廳工作，比在他們的品川總部辦公室裡工作更專注」**。

此外，員工只要花大約10分鐘就能抵達附近的咖啡廳，並在那裡開始工作。自掏腰包的金額每月落在約1萬日圓。

尋找咖啡廳到
打開電腦所需要的時間

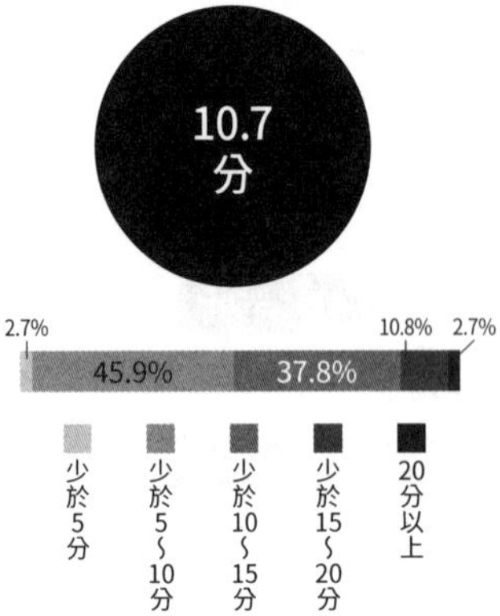

去咖啡廳工作
自掏腰包的金額

在公司外面工作的頻率 × 在公司外面工作的每次平均使用單價

幾乎每天	31%
一週4～5次	6%
一週2～3次	24%
一週2～3次	19%
兩週1次	13%
每月1次	0%
每月不到1次	7%

不到300日圓	5%
300日圓～499日圓	16%
500日圓～699日圓	31%
700日圓～999日圓	34%
1,000日圓～1,499日圓	8%
1,500日圓～1,999日圓	5%
超過2,000日圓	1%

我們也證實，在類似 Think Lab 所提供的工作空間工作，能讓人更加專注。我們可以大聲地說：「進辦公室並不是唯一正解，應該要積極推動遠距辦公。」

而在我們親自經營的 Think Lab 工作，專注力會比在自己辦公室座位上高出約1.6倍。

雖然存在尚待解決的課題，但以總務省為中心，我們基本上確實在朝遠距辦公的方向前進。

只要有「前例」可循，就只需要繼續前進

將個人表現科學化的空間營造

在以科學化方法，將工作空間打造成最高級專注環境的「Think Lab」裡，專注力能比在辦公座位上時提升1.6倍。

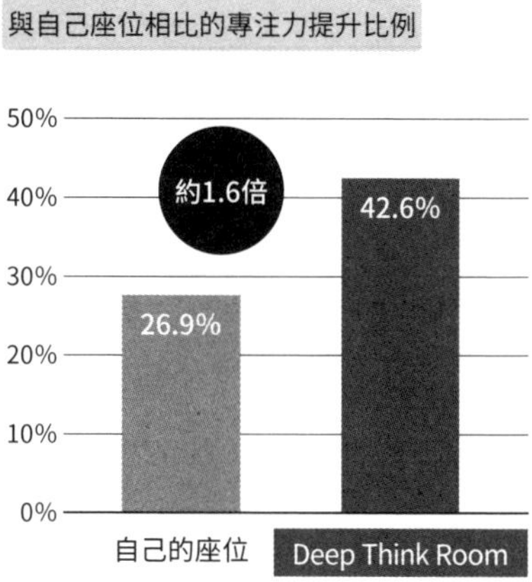

經濟產業省的報告敬請參考：
https://www.meti.go.jp/meti_lib/report/H30FY/000196.pdf

二〇二〇年的新冠疫情，讓我們突然迎來「強制遠距辦公＋有約束力的居家上班規則」。我們別無選擇，只能做出改變。

許多已嘗試過遠距辦公的企業盡出，說他們是**「開創先河」**也不為過。

「我們還需要開實體會議嗎？」

現在的世界，已經成為一個可以將這些問題視為理所當然的世界。

前提在於「有必要群聚的前提已經消失」。

因此，「自家以外的所有場所」（第二空間・第三空間）就成了**「特地前往的場所」**。

就這個意義而言，以東京為中心的「高人口密度城市」無疑將處於開發中國家的立場。

原本，在人們習慣自駕移動的「低人口密度城市」（例如美國），電子商務的比例就很高，所有活動都以效率為前提。

與此相同，社會今後的動向相當重要，否則我們將會淪為遠距工作的開發中國家。

如今遊戲規則已經大大改寫，各企業是否能妥善應對，將決定截然不同的未來。

有哪些東西我們「不再需要」？

前面花了有點長的篇幅做說明，不過第二章的主題，是要帶領你思考「該在何時、何處工作？」

你要對世界的變動心懷焦慮與不安，走一步算一步；還是專注於「眼前的自己」，應對這些變動呢？

我將為你介紹後者該抱持的心態和一些技巧。

正如本書中多次提到，辦公室會變成我們「特地前往的場所」。

以此為前提，我們不妨思考：**「既然要特地前往，那有哪些東西應該保留下來，又有哪些東西已經不再需要呢？」**

先講結論的話，我們不再需要的就是**「個人座位（獨立作業的地方）」**和**「會議室（數人聚集的地方）」**。

讓我們將這兩個項目分開整理一下。

・獨立作業（個人座位）
・團體作業（會議室）

對於這兩個地方，我們可以思考自己該在「何時」和「何處」工作，以及是否能在深度專注的狀態下工作。

「獨立作業的場所」不再是辦公室

原本，人們對獨立作業的需求就逐年增加。AGC集團、松下電器（Panasoic）等多間大公司，導入Think Lab的案例也愈來愈多。

實際上，知名房仲業者CBRE的報告也指出，許多公司正計劃新設或擴建共同空間。另一方面，無論是辦公室還是家庭的裝修設計和建造，都朝向「儘可能開放」的方向發展。

「有開放式空間和自由座位的公司很酷！」這樣的想法蔚為風潮。

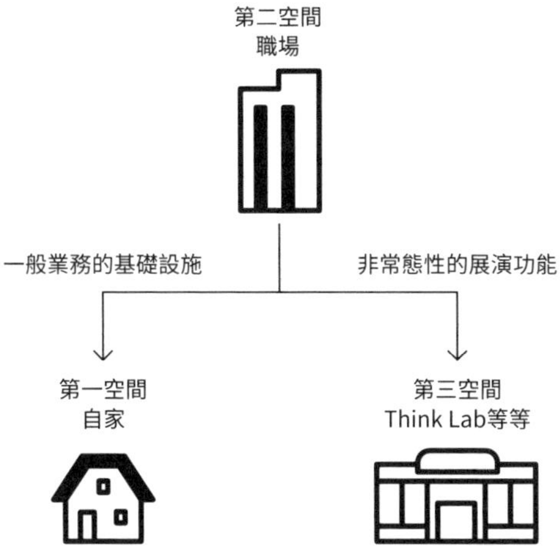

在這樣的情況下，需要深刻思考和高度創造力的獨立作業，會變得愈來愈困難。

一直以來，我們都很難在待在公司固定座位的時候獨自集中精神，所以為了獨立作業進辦公室的理由，幾乎等於零。

而到了疫情時代，根據知名辦公家具製造商岡村（OKAMURA）的報告，當公司人員出勤率超過50%的時候，物理環境就必須做出區隔[註19]。

如同第55頁所述，考量到接下來「不是讓人動起來的時代，而是讓東西動起來的時代」，同時為了加強辦公室的防疫措施，不要擠上大眾交通工具通勤也是根本的解決之道。

換句話說，根本沒有必要為了獨立作業特地跑到辦公室。

順帶一提，如果個人以「居家：辦公室＝8：2」的比例工作，就並不會出現那些跟獨立作業有關的問題。

個人的獨立作業，應可依照這個比例來完成。

排除團體作業後的「剩餘功能」

接著，讓我們來談談團體作業。

這基本上多數都能靠遠端會議解決。

「我們還需要開實體會議嗎？」

針對這個疑問，剩下的只會是那些值得回答的問題。

詳待後述，但如果是值得面對面進行的會議，往後可能會傾向有和目前的會議室截然不同的設施。

會保留下來的，應該就是做為閒聊及談天場所的功能。

還有一點時常被提起：由於對公司的歸屬感低落，有可能導致員工失去向心力。諸如 Mercari 和 Wantedly 等日本公司，以及 IBM 等世界級企業，都談到了「重返辦公室」的重要性[註20]。

即使是看起來與遠端辦公有高度相容性的科技公司，也在談論面對面交流以提高心理安全感的重要性。

我認為仍需實際保留一個象徵性的辦公室功能，才能留住那些離職率高、容易跳槽的人才。

從這個觀點出發，本書後半將討論到什麼樣的功能應該保留在辦公室裡。

接著，讓我繼續為你說明獨立作業和團體作業之中的個人策略。

獨立作業的策略

關於「該在哪裡工作，該在哪裡思考（Where）」，前面已經提到基本上會以「第一空間」為中心。

從這裡開始，我們主要會討論「該在什麼時間做什麼事（When）」，以及如何讓獨立作業最佳化。

對於任何想成為高效人士的人而言，這可能是最重要的技能。

「如何掌控你的工作和生活方式」，可能僅僅取決於**「如何掌控你的時間」**。

隨著居家上班的發展，你的身邊不再會有逐條審視你工作的碎嘴主管——這有好有壞，因為你必須開始主動思考自己的資源分配問題。

在諸多選項中進行選擇時，「你的時間」顯然是有限的資源，「該把時間留給哪個選項」，就是時間管理。

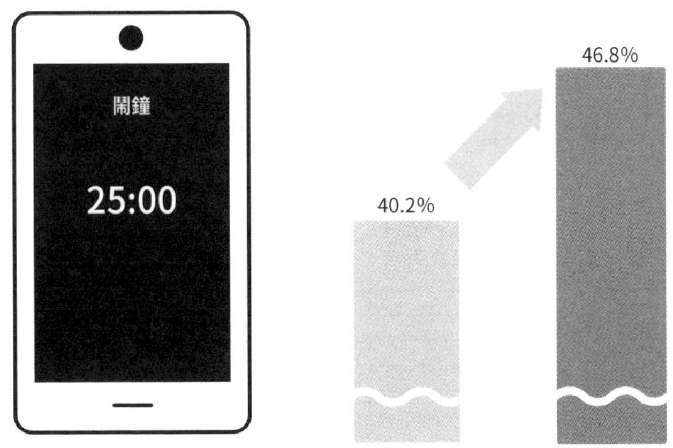
「花25分鐘先進行整理」，
做好準備之後再開始專心……
就能明顯提高專注程度！

由上圖可知，**事先決定好「這段時間需要專注」的人，專注程度明顯會更高。**

那麼，和前面的部分一樣，讓我們來思考一下「工作・自我・人際」的比重，以及每項資源是否都有用在「你真正關心的事物上」。

技巧17

按照「思考模式」排程

這裡就從我自己的例子開始說起。

在新冠疫情之前，我每天從中午到傍晚的行程都被會議塞得滿滿的。

藉著提升開會效率，我得以縮短每次會議的時間；但由於會議數量增加，占據的總時間

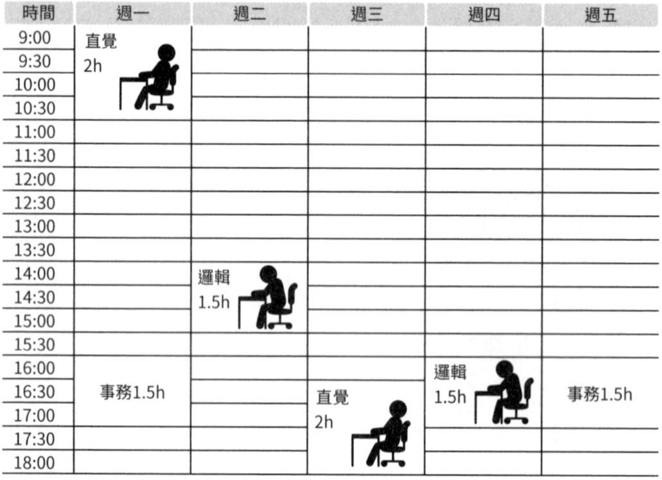

時間	週一	週二	週三	週四	週五
9:00	直覺 2h				
9:30					
10:00					
10:30					
11:00					
11:30					
12:00					
12:30					
13:00					
13:30					
14:00		邏輯 1.5h			
14:30					
15:00					
15:30					
16:00	事務1.5h			邏輯 1.5h	事務1.5h
16:30			直覺 2h		
17:00					
17:30					
18:00					

其實和疫情前大致相同。

我一直以來主張的重點在於，**大家都知道「會議必須事先安排」，卻不知道「獨立作業的時間也必須事先安排」**。

因此，我會在行事曆上安排好獨立作業時**「直覺腦需要的時間」「邏輯腦需要的時間」，以及「例行事務需要的時間」這三項**，如後圖所示。

也就是說，我將直覺、邏輯、例行事務這三種時間，融入我一週的例行公事當中。

除非發生什麼很嚴重的事情，否則我會一直遵守這種原則。

將這三者劃分開來，具有非常重大的意義。

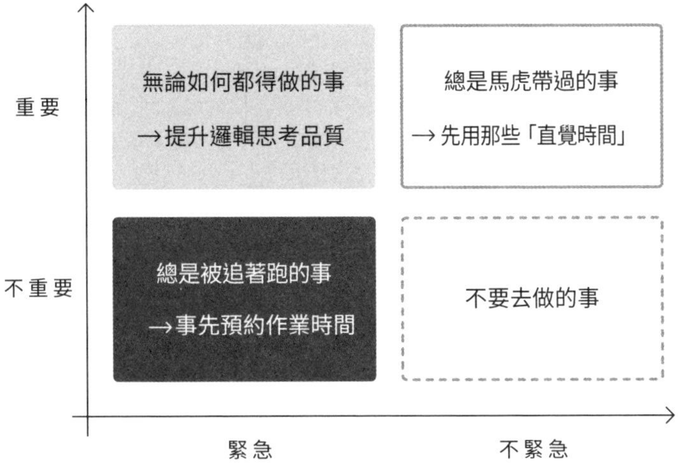

原因在於：**當你預約好「專注的自己」，你才會真正開始專注。**

我們很難去考慮十年、一年或一個月之後的事情，所以首先可以考慮一下你一週的時間分配。

另外，你可以運用前言中登場過的《與成功有約：高效能人士的七個習慣》的「重要性×緊急性的象限圖」來組織你的想法，在這裡將會相當有效。

重點是要根據重要性和緊急性釐清任務，儘可能為**「重要但沒那麼緊急」**的事情爭取時間。

我所說的「邏輯」「直覺」和「例行事務」，其劃分如上圖所示。

大家可能會認為「重要且緊急」的任務是最重要的。

基於周遭的要求或截止日的關係，該象限內的任務會被設定為高度緊急，並可能被主管或團隊共享為「本週最重要的工作」。

這些任務的思考階段已經接近尾聲，接下來要思考的都是「要如何實現？」的執行階段。

換句話說，**不管動機為何，這些都是「無論如何都得做的事」**。

因此，安排邏輯思考時間來確實推進任務很重要，但位於該象限的任務本身並不是最重要的事。

就我自己來說，我會把這種需要使用邏輯腦的時間，安排在與團隊或主管的會議・面談前後。

放在前面時，是用來「整理用來向對方說明的內容」；放在後面時，是用來「組織並昭告所有參與任務的人」。

尤其是像我這樣的中間管理階層，需要和許多利益關係人合作，確保這樣的時間可說意義重大。

接著要說明的是「不重要但緊急的事」。

簡而言之，**就是透過例行事務就能解決的任務。**

我將它設定為「事務」時間，可以一邊聽自己喜歡的音樂，一邊毫不猶豫地將工作完成。

這段時間經常被延後，所以往往會變成加班時處理或打發時間的工作。如果提前預留時間，在心理健康上也會相對輕鬆。

這點的重要性可透過心理學上的「蔡格尼效應」（Zeigarnik effect）來解釋。

俄國心理學家布魯瑪・蔡格尼（Bluma Zeigarnik）透過實驗證明「相較於已完成工作的記憶，人們更容易想起未完成（目標尚未被達成）的工作。」。

換句話說，**當你無意間想起一個不同於你眼前任務的任務時，可能是因為這個任務還沒完成，才更容易被想起來。這將會妨礙你對眼前任務的專注。**

每當你想起各種任務，就會忍不住覺得

「啊，我又想到有一件事情還沒做完。每次看到待辦清單都覺得好痛苦……」

為了避免這些事成為你專注的阻礙，即使累積很多任務還沒做完，只要知道「**我之後還有時間可以好好把它完成**」，就能對你有所幫助。

另外，請把對你自己來說不重要，但對方表現得很緊急的工作也安排在這段時間裡吧。

最後是「直覺腦」的時間，劃分在「重要但不緊急」的象限。這段時間是本書相當重要的部分，所以我們將其統整為另一種技巧，在後面繼續說明。

技巧18 重視「對自己來說最緊急的事」

前面稍微提到，留意「重要但不緊急」的象限很重要。

這是因為該象限的事件，可能會幫助你找到公司內部的主管或團隊「尚未達成共識」的下一個課題。

在你細細咀嚼其中用意的同時，讓我進一步為你說明。

技巧17中提到的「高度緊急的重要任務」，可說是能扭轉公司內部業務進行式的事件。當然，就公司的營運而言也是必要的存在。

然而，未來的不確定性會愈來愈高，考慮到中長期的商業環境，我們必須擺脫這種先入為主的觀念。

為了讓「創新」發生，**我們需要發掘公司內部從未有人注意到的課題。**

好好為此爭取時間，也是引領新世代的領導者必備的條件。

直覺腦的運作時間，對創意工作而言當然是相當重要的領域；但對其他範圍的工作來說，同樣不可或缺。

因此還請回顧一下，在過去的一週裡，你是否有為自己安排這樣的時間呢？

此外，還有另一個第二象限之所以重要的背後原因。

這是來自我與Mercari公司的人的對話。該位工程師表示，有些東西正是為了「讓每個人都能在辦公室以最真實的方式進行交流」而生。

也就是說，人們**「意識到了那些最初未被定義為工作的重要任務」**。

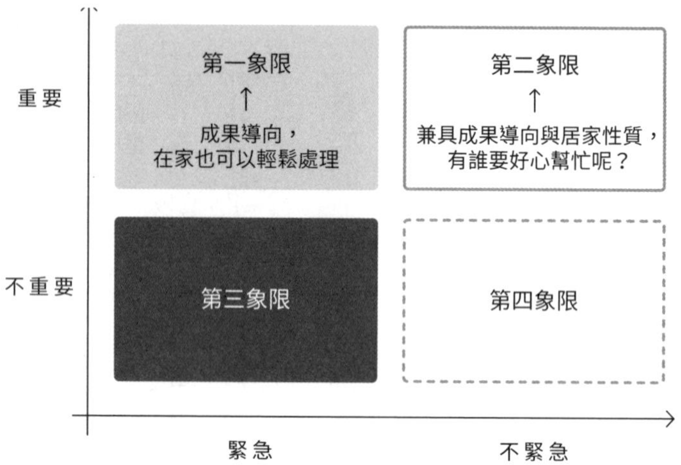

正因為身處現實，彼此才會秉持善意接下這些任務，致力於提高服務水準。

畫成圖表的話，會是如上圖的狀態。

關於第二象限的工作，即使是以團隊作業來推展，它也有一個特性：那就是必須要細心照顧細節，找出違和之處，以提高工作的精準度。

據說，日本企業之所以不擅於居家辦公，是因為他們本來就不是以工作成果為導向。對於每個人的工作內容和成果也沒有明確定義。

因此才會把重點放在進展順利的工作上，像是第一象限那些「重要且緊急」的任務。

未來的工作方式，會是每個人都能分攤工作，但不會有人來一一審視，**而是讓每個人都像獨立工**

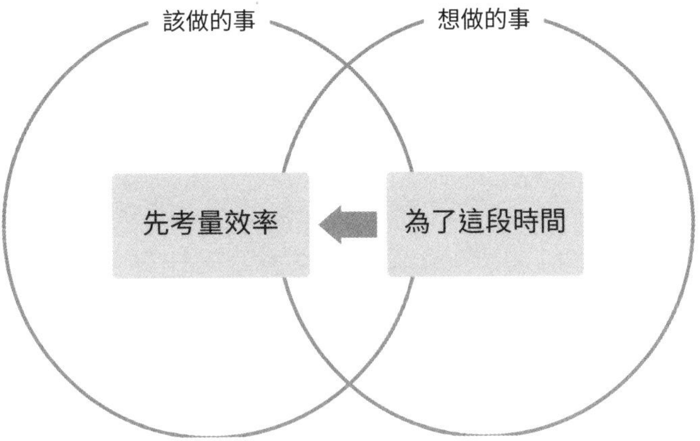

作者一樣致力於結果，推動工作進行。隨著遠距工作比例增加，我們必須透過時間管理來發掘並補充第二象限的課題。

另外，就本書中提到的「工作・自我・人際」來說，這代表要在「工作」之中預留「一個人的時間」。

因此在安排時間時，我們有必要一併審視那些優先序在更前面的時間。

為了第二象限「想做的事」的時間，你該思考如何提高第一象限和第三象限「該做的事」的效率。

如上圖所述。

順帶一提，這也是那些「想做的事」和工作一致，「工作即生活」的人所採取的策略。

而即使是那些將「想做的事」融入自我與人際時間中，在工作與生活之間取得平衡的人，也可以透過進一步提升工作效率，將與家人相處和從事嗜好的時間最大化。

死守「專注時間」的策略

透過前面的說明，希望你已經了解，「直覺腦的時間」是我們一生中最重要的時間。以此為主軸，接著將說明希望你能進一步實踐的技巧。

我在第174頁介紹了自己的時程安排：我將「直覺時間」設定在「週一早上9～11點」，也就是一週之始。

在週一早上，我會儘量先不打開電腦，一遍又一遍思考「這個禮拜要做什麼」等等。

稍後會說明我這樣做的原因。

技巧19

了解「自己最能專注的時段」

我之所以將「早上9～11點」視為重要的時間，是因為以我自己而言，這是我的專注力數據最高的時段。

這個數據和JINS MEME測得的結果相吻合，當然也是我有意識自己能夠「進入專注狀態」的時間。

順帶一提，我可以提高專注力的另一個時段是「傍晚4～6點」。

如同我在前言中所提到，我曾從事顧問業的工作，過著超級夜貓族的生活。

不過，在接受了DeNA公司的MYCODE基因檢測服務後，我發現自己其實是不適合熬夜的類型。

這是按照名為SNP（Single Nucleotide Polymorphism，單核苷酸多態性）的基因型來劃分。不過，根據MYCODE所引用的秋田大學的研究，**幾乎所有日本人都有「不適合熬夜」的遺傳傾向。**

此外，這項研究中的數據也表明，無論基因型為何，上了年紀的人都有成為晨型人的傾向。

眾所周知，生理時鐘會隨著年齡增長倒退向前，讓「過去的夜貓族也變成晨型人」。一般而言，**「晨型人工作更有效率」**的論點大致上是正確的。

這裡的重點在於，你要有自覺地意識到「自己在一天之中能夠專注的時間」，並且死守這段時間。

在以知名人力銀行 BizReach 的工程師為對象的實證實驗中，我們先確定好每個人在第一週能夠專注的時段，並將時程安排最佳化，好讓受試者在下一週能夠充分利用這個時段。

這樣做之後，**所有人的專注時間都延長了約6%**。

以我自己來說，我會儘量在上午9～11點和下午4～6點避開會議等安排，好守住自己的時間。

當然，這存在個體差異。所以首先，你要做的就是找到自己能夠專注的時段，並儘量死守這段時間。

技巧20

決定好時間後進行「數位排毒」

我會特別留意的另一件事，就是週一早上「儘量不要打開電腦」。

尤其是從事創意發想的時候，絕對不要突然打開電腦。

因為**一個人打開電腦時會做的第一件事，永遠是「被動行為」**。

「查看信箱」和「搜尋東西」等行為幾乎都是被動的。一旦你注意到它，就會忍不住上網搜尋或瀏覽社群平臺。

光靠意志力阻止自己是非常沒效率的，最好的辦法就是**「一開始就不要開電腦」**。

因為在這之後，當新的一週真正開始時，你將不得不被周遭的動向所影響。

因此，我才會試圖在自己有控制權的「一週最開始的時間」遠離網路。

如同前言中所提到，我們的大腦約莫需要23分鐘的時間，才能進入「深度專注」的狀態。

但這23分鐘轉眼間就會被郵件、通訊聊天、辦公室裡的小聊打斷。

你的工作愈多，你就愈需要與不同對象溝通。**最後，你可能會在甚至連一次「深度專注」都無法達到的情況下結束一天。**

數據表明，20～50多歲的人平均每天花在滑手機和電腦上的時間「超過11個小時」。如果是遠距工作的情況，這樣的數字還會更大。

「因為人不在辦公室，所以得花更多時間留意通訊軟體和信件……」應該有很多人是這麼認為。

但為了進入深度專注狀態，設定一個強制遠離電子設備的「數位排毒」時間必不可少。

例如，你可以在開始工作之前先關掉電腦的 Wi-Fi。在那段時間，你可以建立好自己的工作架構。如果你有想查的東西，或想問人的事情，只需要將其放入清單中即可。等到「例行事務」的時段，再一口氣確認以上內容。

此外，我也推薦你**統計自己一天中「確認信箱和聊天的次數」**。

你當然也可以先設定一個上限，但首先請嘗試將次數具體化。

「我一天竟然看了二十多次信箱……」

「但其中只有兩封是重要的電子郵件。」

你可以看到，**光是將這件事情具體化，就足以讓我們確認哪些動作是超出必要的。**如此一來，我們自然會減少查看信箱的次數。

只要暫離網路，就能建構你自己的思考，讓資源流向第175頁所提到的「第二象限」。

如果你是居家上班，就必須更有意識地處理這一點。

這是因為，一旦你陷入「如果有人聯繫我，我就得馬上回他……」的焦慮中，可能就會損害心理健康。

如果你已經準備好隨時做出反應，留給自己的時間就會愈來愈多。

這個問題非常根深蒂固，我們會在下個章節中進一步發掘。

面對發生在職場的「心理問題」

「專注於眼前事物」和「關注周遭環境」，這兩者是完全不同象限的能力。

我在前言中也寫到，「大腦無法同時處理兩個以上的課題」。如果你因為有人向你搭話或有人聯繫你而打開接收天線，就無法處理自己眼前的事物。

這裡所說的「專注於眼前的事物」，是指**密切關注一個狹窄範圍的狀態**。相反地，如果你把注意力放在一個大範圍，你的專注程度就會降低。「分散注意力」和「加深專注力」是魚與熊掌，兩者不可兼得。

那麼，我們要怎樣做才能加深專注力呢？

這裡需要的關鍵字是**「心理安全感」**。

技巧21

確立「心理安全感」

從Google實施的產能提升計劃「亞里士多德計劃」（Project Aristotle）」看來，「心理安全感」儼然是一個高效團隊的必要條件。

當不必要的焦慮和恐懼都被消除時，意味著我們就能「安全地面對工作」。

此外，在據說能提高專注力的「正念」練習中，首先要學習的就是「專注於當下」。

會妨礙這件事的，就是**「對過去的遺憾」**和**「對未來的焦慮」**。

如果不解決這些心理問題，你就無法贏回深度專注力。

要面對過去的遺憾，無非就是**「不為當時沒能改變的事情後悔」**。

德國心理學家赫爾曼．艾賓豪斯（Hermann Ebbinghaus）的一項實驗證明，人類的記憶會隨著時間的推移而消退。

如果你總是身陷過去的失敗之中，不妨用「你身邊的人都已經不記得這件事了」來重新開始吧。

艾賓豪斯的遺忘曲線

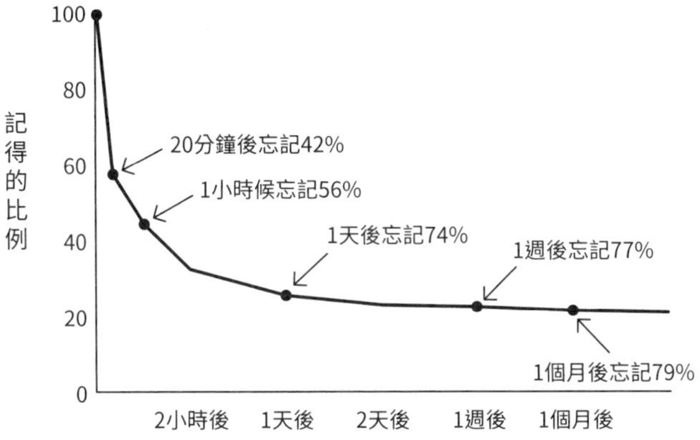

學習後的天數

如果你是會對過去的失敗自責的上司或團隊成員，你應該把它想成是「大環境不好」，而並非你自己的問題。

而在目前的情況下，我認為有更多的人是「對未來感到焦慮」。

但如果你心底抱持焦慮，就無法專注於眼前的工作，只會賠了夫人又折兵。

與其對未來抱持籠統的焦慮，不如想想自己現在能做什麼，挺胸面對「擺在你眼前的工作」。充分利用本書所講述的技巧，將自己的眼光放在「當下」是很重要的。

當然，我們也不能對一切都過度樂觀。

這裡引用一句日本經營之神、京瓷創辦人

稻盛和夫說過的名言：

「樂觀地設想、悲觀地計劃、樂觀地執行。」

經驗表明，這句話在多數情況下都適用。

在「計劃」階段，理論上要慎重考慮；**但在其前後的「概念」和「執行」階段，重要的是放下那些無法解決的焦慮。**

用本書的話來說，就是要有「直覺腦」的輕鬆思考態度。

關於處理焦慮，本書目前講述到的內容應該都能派上用場。

不過，還是存在一些無論如何都無法擺脫的焦慮。

面對工作中無可避免的焦慮，讓我們來看看下一項技巧吧。

技巧22

分開「迷惘的時間」與「毫不迷惘地向前邁進的時間」

在工作的時候，你可能會因為「不知道自己繼續這樣做對不對」而感到焦慮。尤其是在獨自一人遠距工作或居家上班時，更可能會有這樣的感受。

日本人具有善於察覺對方情緒的民族性，這種特徵被稱為「高語境文化」（High-context culture）。簡而言之，就是一種**「看場合的文化」**（譯註：日語中的表現為「閱讀空氣」。）雖然高語境文化能避免不必要的麻煩，但它的缺點就是過度解讀對方的感受，進而助長焦慮。

當你持續感到焦慮，就無法把專注力放在眼前的事或一件事上。

JINS MEME 的實驗也表明，這種情況引起的焦慮會導致「專注力中斷」。

我們以開發應用程式的設計師為對象，進行了訓練專注力的實驗。量測他們工作期間的專注程度後，發現新任設計師的專注時間佔總量測時間的比例為 34.5％，資深設計師則是 69.1％。

比較有代表性的一點就是，新任設計師在開始工作大約10分鐘後，就會逐漸失去專注力。

在一一訪談每位設計師時，新任設計師透露了自己心中的困擾：**「我擔心自己最初設想的設計方向是否正確，並因此感到焦慮」**。

另一方面，資深設計師則表示：「想好自己要透過設計達成的目的之後，我才會開始動手。因為是先想好才開始，所以途中不太會感到焦慮；萬一在哪邊迷失了方向，只要停下來重新想過就可以了。」

這個實驗表明，為了達到深度專注，**在工作之前先想好「這是為了什麼而做？」的「什麼（Why）」**很重要。

也就是說，重點在於確實區分「迷惘的時間」與「毫不迷惘地向前邁進的時間」，並對自己目前處於什麼樣的狀態有所自覺。

這裡所舉的例子，是像「設計」這種難以與言語闡述的艱鉅任務，所以可能得迷惘很長一段時間。但無論是任何工作，或多或少都會有感到迷惘的時候。

如果您覺得迷失方向，請抽出時間**「立刻尋求他人的意見」**並**「用自己的大腦思考」**。

你應該先停下來、解決它，再繼續「毫不迷惘地向前邁進」。

只要有意識地切換狀態，就能夠避免因焦慮而妨礙了你的專注力。

請務必降低自己的心理障礙，不要害怕去尋求他人的意見。

獨立作業的「時間循環」

到目前為止，對於「該在何時、何處做些什麼」，我已經從時間管理的角度介紹了各種專注於獨立作業的方法。

在進入協同作業的章節之前，我想先談談如何在一天之中創造一個時間循環，為獨立作業的部分作結。

技巧23 建立自己專屬的「番茄鐘」

如同前述，考慮任務的優先順序和分配時間是高效工作的重點。

以此為前提，有一種用於進一步提升工作表現的知名技巧──「番茄鐘工作法」。相信很多人已經聽過，容我簡單做個說明。

「番茄鐘工作法」是一種時間管理技巧，透過劃分時間來提高工作效率。

一般是以「25分鐘工作時間＋5分鐘休息時間」為一個周期（＝1個番茄鐘），每經過4個番茄鐘（2小時），就設定30分鐘左右的長休息時間。

據說透過這樣的重複循環，**讓工作和休息交替進行，就能長時間保持專注而不會感到無聊。**

此外，我們透過JINS MEME進行實驗，發現這個循環存在個體差異。換而言之，對某些人來說，番茄工作法的「25分鐘專注＋5分鐘休息」是最佳循環；有些人的最佳循環則是「15分鐘專注＋3分鐘休息」，因人而異。

推薦你可以從標準的「25分鐘專注＋5分鐘休息」開始，**透過嘗試錯誤找出適合自己的時間循環**，例如「我還可以更專注」「我想多休息一下」。根據理論，你無須強迫自己「一定得工作25分鐘」或「一定得休息5分鐘」。

技巧24 積極休息

休息的內容也很重要。

讓我們思考一下怎麼在4個番茄鐘過後進行一段長休息吧。

有許多人會在用電腦工作一段時間後，看點影片當作休息，但這其實稱不上休息。

這裡要告訴你的是「積極休息」的概念。

例如，許多上班族會在工作前後慢跑或重訓，這就是其中一種。

諸多研究表明，運動對大腦活動有良好助益；特別是有節奏的運動，例如步行，能增加用以維持身心穩定的「血清素」分泌量，讓我們更容易放鬆。

因此，在長時間休息時給自己一點**「不同於工作的刺激」**很重要。

關於五感的刺激，請詳閱前面第一章的第120頁。

此外，**「小睡充電」**（Power Nap）也是一種特別有效的積極休息方式。

午餐過後花15～30分鐘小睡一下，已被證實具有「改善睡眠不足」「消除疲勞」「活化大腦」和「提高專注力」等效果。

但如果睡超過30分鐘，就會讓人進入深度睡眠，難以甦醒而讓疲勞感不增反減，可說是適得其反。

順帶一提，我個人的積極休息方式是「沖澡和泡澡」。大多數時候，我每天會泡個四次澡。有時，我也會在遠距開會時移動到陽臺，一邊聞著令人放鬆的香氣。

雖然五感刺激都很重要，但如果過度刺激味覺，有可能會導致發胖；建議你還是刺激觸覺和嗅覺比較好。

以上就是獨立作業的方法論，在此告一段落。

協同作業（會議室）的策略

接下來，讓我們談談辦公室裡的協同作業。

就「專注於和眼前的人的對話和討論」的意義而言，並不是只有獨立作業時需要專注力。

需要和他人合作的情況，大多數發生在會議或面談中。

在介紹協同作業的技巧之前，我想先談談「會議室的未來」。

因為實際上，會議室在疫情之前就可能已經是多餘的東西。

Think Lab 於二〇一八年度承攬了經濟產業省的研究項目。其中，我們調查了經濟產業省各會議室座位的實際運轉效率（稼動率[註21]）。

結果，我們發現「可容納超過20人的大型會議室，平均稼動率不滿30％。可容納10人左右的會議室，平均稼動率不超過30～70％，平均使用人數為3～6人。」

換句話說，會議室裡有許多空間是被浪費的。

此外，根據 JINS MEME 對專注力的量測，發現**有許多會議室的設計會讓人「無法專注」**。

結果顯示，在疫情之前，多數會議室都沒有設計成最佳尺寸，不如把這個地方拿來當作其他用途還比較好。

「完全遠距工作世代」的登場

Think Lab 在二〇二〇年聘用了一位應屆畢業生。

直到兩年前，他都住在沒有 4G 網路的老家；但卻擁有相當優秀的科技素養，連我都經常要向他請教。

因為他是在疫情爆發之際進公司，因此幾乎全程都是遠距工作。

像他這樣的「完全遠距工作世代」，在未來還會持續增加。

他們想必會發出這樣的疑問：「我們有需要開實體會議嗎？」

做為對此問題的回答，我將說明面對面的技能（如會議或面談）今後會發生什麼改變，以及什麼樣的技巧可以派上用場。

大致劃分之後，我們可就以下兩個主軸思考：**「對象是誰？」「內容是什麼？」**

讓我們分別看看這兩個項目吧。

會議的對象與參加者是「誰」？

首先要考慮的因素，就是對象或參與者是誰。

不管是從外部人員，還是從內部人員的角度來看，我認為採用遠端會議都已經很足夠。如果你先決定好要討論什麼，再舉行最低限度的會議，反倒是與外部人員遠端開會更容易。

一開始居家辦公的時候，我以為「從初次見面就是透過遠端會議，應該很痛苦」；但過了一個月後，**我發現和素不相識的人遠端開會，根本不成問題。**

想必大家都是如此吧。

Think Lab 團隊中有三名成員從二〇二〇年四月開始一直參與其中，雖然這三個人一次都沒碰過面，工作還是照常進行。

按照前面所講，我們好像已經不需要面對面溝通了；但在這裡要告訴你一個可以當作反例的小插曲，來自某間提供外包媒合服務的公司的社長。他這麼說道：

「雖然接案者和發案方不見面也能完成工作，但只要見過一次面，『單價』就會上漲。」

毫無疑問地，這顯示了**人正是因為在現實中相遇，才會「產生人情」**。

雖然這多少跟習慣有關，但我仍然認為這是一項很重要的因素。

以此為前提，讓我們接著談談未來的必備技能吧。

技巧25 提升「遠端素養」

雖然有前面的例子，但這並不代表我們「每次和公司外部的人初次接觸，都非得直接碰面」。

對於每天8小時幾乎都在遠端會議中度過的我來說，我能感受到自己的「遠端素養」正在提升。

如果這樣的素養能解決問題，你最好也要有一技在身。

其中的必備技能之一，就是**「反應過度」**。

我曾經在一場線上研討會進行簡報，那時根本無法看到聽眾的臉和他們的反應，過程令人相當痛苦。

人果然還是得透過相互給予反應，才能順暢進行溝通。

因此，我調查了Zoom等遠端會議軟體上每幀影像的傳輸時間。

當連線品質良好時，傳輸每幀影像大約會花費0.08秒。

另一方面，當你在現實生活中面對某人時，點頭的速度大約是每秒4次。

每秒4次＝每0.25秒一次，代表遠端會議時只會傳輸3幀影像，對方是看不到你點了4次頭的。

即使你實際上點了4次頭，也無法傳達給對方。為了避免這種情況，「用更大的幅度慢慢點頭」會是個好方法。

其他派得上用場的技巧還有**「透過即時會議紀錄輔助」**和**「簡報時的姿勢」**。

第一項指的是一邊即時寫下討論內容，一邊說話的能力。

這樣的輔助功能在實體會議中並不存在，**但如果是使用 Zoom 等軟端會議軟體，你就能好好利用聊天視窗的文字、PowerPoint 或白板功能。**

在過去的會議裡，一邊寫白板、一邊寫主持現場是一件高難度的事情；但如果是遠端會議，任何人都能輕鬆做到這一點。

請務必透過各種方式訓練自己在這方面的能力。

另一個項目，經常可以從指導簡報的講師那裡聽到：**「不管是在每個人要講好幾分鐘話的簡報現場，還是在遠端會議裡，你都應該站起來說話。」**

當你站起來說話時，聲音會更有抑揚頓挫，讓你聽起來更吸引人。在這種情況下，你需要把桌子墊高，將筆電等設備放在上面，讓它適合你站立的狀態。

只要透過以上方式提高遠端素養，即使是第一次跟對方開會，討論時也能暢談無阻。

技巧26
別忽略了「氣氛和氛圍」

這樣的話，遠距工作就百分之百沒問題了嗎？——事情當然不是你所想的這樣。

這是我從《總務月刊》的豐田健一總編輯那裡聽到的故事。

豐田先生採訪過無數人士，但自從訪談都變成遠端進行後——特別是對於那些被稱為「商業巨擘」的人——他似乎遇到了瓶頸。

那就是**遠端時「看不見現場熱度或氣氛」**的問題。

經驗豐富的面試官會改變問題的內容，或是對回覆的解釋。這不僅取決於他聽到什麼內容（content），還取決於面試時的情境（context）。

比自己更有經驗的人說的話，會有一些部分是光靠自己的思維框架無法解釋的。

這無法透過言語表達，而是需要從現場的氣氛去感受。

就我而言，當我和社長談話時，我會感覺到：

「現在什麼東西比較重要？我應該先考慮什麼？」

問題在於，如果不是實際碰面交談，其中就會產生落差。

所以，**我只有在和社長談話的時候才會去公司**。

關於如何和講究現場氛圍的人交流，我目前還沒有找到解決辦法。

我認為這不僅需要語言，還需要有人扮演翻譯的角色，來翻譯出這種氛圍。

為了創造新事物，我們勢必得面對自己思想之外的思想。

從文化人類學的觀點來看，當我們遇到來自不同文化圈的人的時候，必須抱持「對方無法理解的前提」，以跳脫自己思維框架的方式面對他們。

正因如此，人們才會不厭其煩地出國留學，努力創造多樣性。但在遠端的情況下，我們可能會失去這些參考。

在我身邊的例子中，年輕上班族總是比較吃虧。

我的團隊可能也是這樣——當三十歲以上的中階主管討論事情的時候，年輕一輩往往只能在旁邊聽。

而在會議結束後、年輕人在自己的圈子裡聊天時，還得再相互確認「他說的是這個意思對吧？」

當然，我二十多歲的時候也時常得做這樣的確認。

尤其是從事顧問業時，由於客戶都是公司高層，當我花一個小時聽他們講完煩惱之後，他們還要再花三個小時來解釋自己的問題。

因此，在和年紀比較大的人、經驗豐富的老鳥或公司高層人士交談時，最好先抱持**「去吸收那些自己沒有的想法」**的態度，再與他們實際會面。

如果是遠端會議，你可能還需要下更多工夫。

經理級的管理階層總是先離開，只剩下年輕一輩在現場，這似乎是會議結束後的慣例。

但我認為，**「留下5到10分鐘讓年輕人分享自己的感想」**會是個好辦法。

即使是和外部人員遠端開會，也可以留下時間讓內部人員再做二次確認。

對於如何搞懂氣氛或氛圍，我們可能別無他法，只能透過這樣的手段來解決。

會議的「內容」是什麼？

接下來，我們分別來看一下面談或會議的「內容」。

我想內容可以分為以下四種：

1.「報告・聯繫」或「討論」或「協商」

2.「策略・計劃」或「管理・執行」

3.「發想創意」或「推展業務」

4.「認真開會」或「聊天」

先講結論，「上方的項目透過遠端會議就很足夠，下方的項目則要透過實際會面才能激盪出更多可能」。以下分別進行說明。

技巧27
除了「協商」之外都交給遠端解決

第一個項目是「報告．聯繫」。

長期以來一直存在一個論點，那就是特地挪出時間開會，大半是在浪費時間。創業家堀江貴文曾說過一句令人印象深刻的話：**「我不和打電話給我的人一起工作。」**在通訊工具如此發達的世界裡，我們似乎沒有必要特地花時間開會，只為了彼此確認資訊。

但如同第137頁所述，為了團隊工作時彼此簽到和簽退的功能，我們可以把早晚打招呼保留在遠端會議裡。

第二個項目是「討論」。如果你只是要提出問題或議題來討論，根本不必透過實體會議就能解決。

現在正流行、傾聽個人煩惱的「一對一諮詢」（1on1），應該也能靠遠端會議就解決。在過去的年代，十幾歲的青少年也會彼此透過電話諮詢戀愛煩惱，因此這絕非不可能。

最後一個就是「協商」。

這可能會因商業模式不同有所差異，但實際會面仍有其優勢。

畢竟在遠端溝通的時候，我們很難透過「身體前傾」「捲起袖子」「看著對方的眼睛說話」等動作來表達氣氛。

另外，光是「特地來拜訪」這件事本身，就會讓人覺得**「既然對方都特地來拜訪了，那就把案子優先給他吧」**，因此實際會面仍然有其效果。

即使如此，根據對象不同，有人可能很討厭上門推銷，或是喜歡更有效率的方式，這時候就要考驗你的辨別能力了。

但毫無疑問地，這兩種風格都是我們需要的。

技巧28

為了「恆毅力」，事先即時共享

接下來要考量的主軸是「策略．計劃」或「管理．執行」，以及「發想創意」或「推展業務」。

這些都是可以同時討論的內容，所以在此一併展示解決方案。

我在擔任顧問時期經常使用的業務流程如下：

策略↓計劃↓管理↓執行

這是一個愈接近後端作業，就能愈有效制定時程，發揮「高效率．執行力」推展業務的方法。

因此，如何透過話語的力量讓團隊或對方動起來很重要，這看起來似乎透過遠端會議就能傳達。相反地，前端作業需要發揮創造力、構思創意，似乎更適合透過實體會議上的白板來場腦力激盪。

然而實際上，我的想法和前面所提到的完全相反。

我現在的主要工作就是前端作業，**但即使沒有白板，也還有很多好用的工具，像是「Miro」線上白板、「Google簡報」或「即時共享PowerPoint」等等。因此，我並不覺得在遠端會議上提出點子會比在實體會議上難。**

如果是遠端會議，也不用一直看老鳥的臉色，能讓年輕人更容易提出意見。

反之，愈到後端作業的執行部分，實體會議的功能就愈有效。

這可能既是日式管理的優點，也是缺點。讓每個人都各司其職，為同一個量化目標動起來的高效做法，日本的執行團隊應該不太熟悉。

「恆毅力（GRIT）」一詞目前相當火熱，而在許多有執行階段競爭力的日本企業之中，存在一個難以用言語表達的**「相互激勵，相互合作」**的世界，這便是力量的源泉。

為了成為一個讓人有心理安全感、能夠彼此自我肯定、發揮GRIT的團隊，定期舉行

「有儀式感的聚會」來面對面交流、凝聚感情相當重要。

此外，我們也很有可能在其中發現像是集訓中心等第三空間的價值。

由於 JINS 同時也是零售店，我們提供了客人在真實場所購買眼鏡的體驗。

為此，做為服務提供者，在管理和執行階段極盡所能地理解品牌價值相當重要。

為了追求現實中的體驗價值，辦公室做為一種凝聚感情的工具，我想仍有其存在之必要。這一點在最後一章中也會再次提及。

技巧29

重新審視「聊天」的價值，把它留在現實

最後一項主軸，就是內容是「認真開會」還是「聊天」。

我想你已經猜到結論了，我認為：

「嚴肅的事情，就透過遠端會議解決。」

「要重新審視『聊天』的價值，反倒只有『聊天』才需要在現實中進行。」

所謂嚴肅的事情，就是「必須按部就班的事情」，例如「制定時程、設定目標」。

另一方面，聊天代表「漫無目的地談話」，**「重點在於去看見預料之外的事情」**。

在第一章中，我主要講述了在「3種大腦」之間切換的重要性，用這裡的話來說就是：

- **理性腦是用來推動「預料中的事」**
- **直覺腦是用來創造「預料之外的事」**

不光是獨立作業的時候，在協同作業的情況下，也有必要花心思去鍛煉你的直覺腦。以組織為例，遠端會議適用於「理性腦」，**「直覺腦」則似乎在實體會議中運作得更好。**

為了活化直覺腦，我們需要的是一些火花和一些餘裕。

實體會面能夠刺激五感，而為了稍微壓抑理智，有美酒和美食相伴更佳。

有時，抽菸的人會聲稱「重要的事情我都是在吸菸區想出來的」，而這並不是謊言。

接著，讓我們看看什麼樣的座位配置，才能營造出適合聊天的場所。

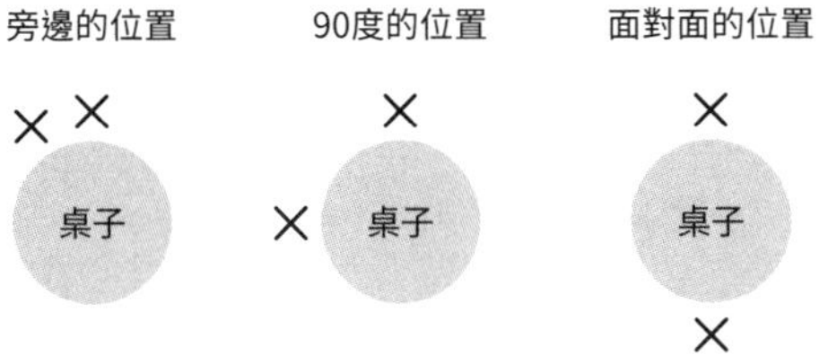

	旁邊的位置	90度的位置	面對面的位置
談話量	◎	○	△
競爭（看誰能先解決問題）	×	△	◎

上圖顯示了不同座位配置下的談話量[註22]。

根據上圖，**圓桌上小於90度的座位配置，能夠達到最好的效果。**

雖然這比較是憑感覺，但一般會議室的座位通常是180度排列，也就是說大家基本上是面對面坐著。這樣的結構會讓人在心理上產生對立，感覺更容易發生爭執。

另一方面，如果座位角度是90度或小於90度，因為人們可以看著同一個方向交談，將能促進積極的討論。

舉個例子，開車的時候會比較容易跟人聊起來；將櫃檯桌椅和一般桌椅相比，談話的氣氛也會截然不同，這都是相同道理。

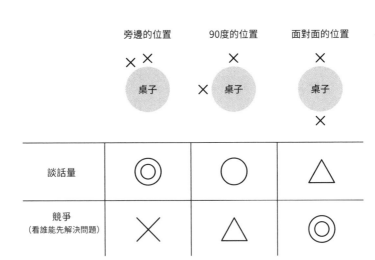

換言而之，**目前這種「面對面的會議室」絕對不是一種適合聊天的設計。**

此外，日本自古以來，大家都會圍著「茶几」聊天。圓形茶几可以配合人數調整座位，和方桌相比可以坐得下更多人，要中途加入或離開也很方便。

另外，在不同國籍人士聊天時會去的經典場所「英式酒吧（HUB）」，大家也是圍著圓形吧台桌喝酒。

我們可能需要參考這些場所，重新審視一下公司裡的會議室。

以上就是幫助你專注於眼前的人的協同作業技巧。

根據截至目前為止的內容，對於開頭提出的「我們還需要開實體會議嗎？」這個問題，模範解答應如下：

・想想會議的對象與參加者是「誰」……

只有在你想捕捉挑脫自己思維框架的想法時，才需要實體會議。

・想想會議的「內容」是什麼……

透過實體會議能達到較好效果的，可能只有「協商」。

在工作時需要發揮 GRIT 的團隊中，實體會議將做為凝聚情感的儀式而存在。

實體會議的最大用途就是開啟聊天，但需要一個大家不是面對面坐著的新會議室。

你不妨根據以上兩個主軸做出判斷。

總結：在第二章中，我們重新審視了「第二空間」裡的獨立作業和協同作業，並帶你找到「該在何時、何處工作，才能做得更好」。

第3章

找回「沉浸於工作的自己」

——重新自問「我要跟誰、做什麼」

「個人獨創」不可或缺的時代

「對未來的焦慮，會妨礙你眼前的專注。」

我在第190頁說過這樣的話。

在日本只要談到對未來的焦慮，大家總是愛拿過去或其他國家比較。

「還是日本第一（Japan as No.1）的那個時代好啊。」

「都感受不到像中國那些新興市場一樣的熱度。」

「最近的年輕人都不努力工作。」

我自己是一九八三年生，三十多歲的人，所以不會想用這種調調說話。

「三十年前的全球企業總市值排名，幾乎都被日本企業包下；結果到了二〇一八年，還擠得進前五十名的只剩 TOYOTA 了。」這樣的故事大家應該已經聽膩了。

但是，我可以肯定地說：在那些顛覆全球市場規則的事業，或是令人瞠目結舌的服務和產品開發中，**源自日本的產品數量正在減少。**

「這都是教育制度的錯。」

「這都是投資人過度保守的錯。」

「這都是個人薪資過低的錯。」

「這都是終身僱用制和解僱規定的錯。」

如上，從社會整體或企業規模來看待問題，把問題歸咎到結構和制度面當然很簡單。然而，歷史證明，這樣的論調「無法帶來任何改變」。

一旦你將其視為整個社會或公司的問題，而不是試著想想自己的思維有什麼問題，世界就不會有所進步。

歷史總是由「個人」推動

有人將這個時代稱為「第四次工業革命」，就數位帶來的現實交疊而言，也有人稱現在是「四大文明誕生後首次迎來變革期（睽違四千年的變革）」

雖然規模尚不清楚，但毫無疑問地，我們生存在一個大幅變革的時代。

推動了歷史大規模變動的，就是那些自己也說不清楚理由，但**「抱持強烈當事者心態的個人」**。

只要有幾個不指責社會或他人，而是認為自己「應該做點什麼」的人存在，就能瞬間扭轉現況。

換句話說，唯有個人掌握自己的時間，發揮深度專注力催生出「獨創性」，我們才得以突破僵局。

事事靠合議制決定會帶來失敗

此外，在這個可以輕鬆取得資訊的時代，如果都透過以人合議的模式來思考事物，我們就會變得同質化。

在我從事顧問的時期，從二〇〇七年起的五年內，我以外部觀點比較了多家電機設備製造商，發現他們祭出的都是同質化戰略。從那之後，我才意識到**「人類的思考是有極**

限的」——無論那些人有多聰明。

當然，如果你單看每個人，會發現有很多人非常有才華。

這可能是因為日本人的智力水準本來就不低。

我在當顧問時見過的每位製造商的業務主管，即使放到現在看，也都是相當優秀又有魅力的人。

事實上，那些目前位於日本製造商核心、五十幾歲的企業中堅，都是在泡沫經濟時代加入公司，並在第二次嬰兒潮的競爭中生存下來的人。

那是一個「日本電氣第一名」的時代，他們當然都是菁英無誤。

但即使如此，透過合議制來下決定，會磨去創意的稜角，讓我們只透過自己專業領域的狹隘眼光看待事物，而偏離一般大眾的需求。

我已經看過不少這樣的問題。

你的工作是否能創造「新價值」？

現在，我會站在比較尖銳的立場，去看待 JINS MEME 和 Think Lab 等事業。我們有幸獲得許多機會，去探索與大公司新創事業部門合作的可能性，或是以導師的身分，支援促進大公司開發新事業的新一代商業計劃。

正因為如此，做為顧問，同時做為候選的合作團隊，我從一個小前輩的各種角度看見了大公司開發新事業的課題。

這些經驗不僅和大企業的新創事業有關，也關乎任何「想做新東西」和「想挑戰新事物」的公司。

因此，請不要覺得「什麼新創事業，跟我沒關係」，請繼續閱讀下去。

本章會從個人和團隊兩個層面，談談我們會遇到的問題。

基於第一章和第二章的內容，接下來將透過「在哪裡、和誰做什麼」的工作模式框架，帶你檢視我們該做的事。

如何成為「公司內部創業家」

現在，任何服務或商業模式過時的速度都在爆炸性增長。

市場和產業變革的速度，將會從「Dog Year」（將技術進步速度與狗的成長速度做比較的表現）進到「Mouse Year」（老鼠的成長速度）。這些趨勢，在書中很前面的部分就已經告訴你。

回顧過去的二十五年，以音樂行業為例，我們從錄音帶轉變到CD、MD和iPod；而到了現在，Spotify等訂閱服務已蔚為主流。

在這種情況下，一種商業模式在五到十年內就會過時。

當然，並非所有行業都處於相同速度。

但至少，大公司的老闆都說著「如果不做出改變，連TOYOTA都有可能倒閉」，把這樣的危機感掛在嘴邊。

每間公司都在尋找「新出路」

有許多企業都在向內或向外昭告「我們必須做出改變！」

根據我之前聽到的，有超過三千家公司都在經由 Bizreach 招募「新創事業開發專案」所需的人力。

透過這個數字，我們可以得知**幾乎所有上市公司都想開發新事業**。

然而即使在這種情況下，二〇一八年日本企業的保留盈餘仍高達 458 兆日圓[註23]。

在一九九〇年，也就是日本「失落的三十年」初期，保留盈餘約為 100 兆日圓，到現在則增加了了4.5倍之多。

換句話說，**即使我們在那三十年裡失去了成長，還是只知道把那些錢全都存起來，沒有做出任何新的改變**。

而最近，許多大企業都開始推動企業創投（CVC，Corporate Venture Capital）。

不只專注於內部研發和新事業開發，許多公司也以投資新創公司為業務發展目標，變得活躍起來。

在國外也有類似的趨勢，但日本企業企業則更容易陷入**「想投資、也有錢，卻沒有可以投資的對象（人才、事業）」**的情況。

相反地，對公司內部的商業人士來說，這可是大好機會，一切結構上的東西都已經準備就緒。

那些來自於你的獨創想法，甚至有可能讓企業為此掏錢，沒有理由不去活用它。

光是「知道這個人」沒有任何意義

在公司內部「創造新事業」或「接受新挑戰」，可以視為是為上班族謳歌的最佳機會。

那麼，讓我們談談去除文化和國家規定等因素之後，「既然需求這麼大，為什麼創新沒有發生？」

重點在於「做為最小單位的『團隊』，所必須抱持的態度」。

在我擔任顧問時，面對那些經理級客戶，我曾經每個禮拜只睡10個小時，其他時間都用來思考和提案。

即使做到這樣，我也從未感覺到這些公司有因為外部方法而「發生創新」。

當了五年的顧問之後，我得出了這樣的結論：負責開發產品的人和負責廣告宣傳的人之間，**存在著關係上的問題。那就是大家都只是「我知道這個人」的點頭之交。**

光靠「構想↓規劃↓執行」這種由上而下的單向流程，無法實現新服務和新產品。

不管位居上游的開發人員構想得有多美好，除非能反覆看到客戶的反應、獲得公司內外的回饋，並將其反映在產品開發上，否則絕對做不出好東西。我們正在進入這樣一個時代。

附加價值的重心，將從「如何做（How）」轉移到「所以要做什麼（So what）」，這點詳待後述。

然而在許多公司裡，負責製作的人和負責銷售的人一個禮拜都說不上一句話，儼然成為常態。

這樣的話，要怎麼打造出好的商品和好的服務呢？

試著去做，做不到就「動起來」

如果你說了標題這句話，可能會得到以下反應：

「這我們公司做不到，因為組織結構上離高層太遙遠。」
「這是不可能的，因為審核的過程會很久。」
「這個產業不習慣改變，所以沒辦法。」

這些話全都是藉口。

你如果想聯繫自己參與的工作上下游的「關鍵人物」(key-man)，不管是透過社群平台，還是直接去那個部門敲門，總是會有辦法。

我想即使是你自己公司的老闆，也不太可能無法直接取得聯繫。說得極端一點，我們正處於一個即使是像孫正義這樣的知名人士，也能透過推特與他們聯繫上的時代（雖然可能需要一點耐心）。

如果你用盡了所有方法，仍然無法在公司裡「做出新的東西」或「無法改變組織」，你也可以選擇離開現在的公司。

如果你目前的工作不能滿足「讓你能夠沉浸其中」的最低先決條件，你就不該繼續做這份工作。

從社會水準的角度來看，我們的生產力跟幾百年前比起來已經遙不可及。如果「只是為了填飽肚子」，據說一個禮拜只需要工作一天半就已足夠。

在這樣的時代，如果你對於「想開發新事業」和「想做新的東西」等課題有所意識，**相信你絕對能找到更好的環境。**

具體而言，為了在公司內部開展新事業等「新的東西」，普遍認為需要以下四個條件。

1. 具備行銷的眼光
2. 具備技術的鑑別力
3. 具備投資決策的權限
4. 滿足以上條件，且能和4人以下的團隊密切溝通

這是最低要求。

與其等待公司給你一個核心團隊，靠自己打造才是捷徑。

還請思考你現在的公司是否能讓你做到這些事。

擺脫那些「被交代的工作」

在前面，我們已經談過關於團隊的內容；但更重要的是，每位核心成員都要具備「當事者心態」。

你必須明確知道自己「想做什麼」，或成為一個「想做什麼」的人的支持者。

而在那個時候，你必須知道：做為創新第一顆種子的「創意本身」，其實並沒有那麼有價值。

Uber、Spotify 和 Netflix 是當今席捲全球的主流服務；但說實話，這些企業的服務與其核心概念，是任何人都想得出來的東西。

「好想要有人可以幫我把那家餐廳的食物送到家。」

「好想要聽自己喜歡的音樂，想聽多少就聽多少。」

「好想要在家就能隨意欣賞高畫質的影片。」

這些點子，不管是誰都能想得到。

但要真正讓它們成形，需要付出相當大的努力。

我們並非要用第一顆創意種子（構想）爭勝負，而是要在有人拿出幹勁、「想要實現」創意的核心概念時，在其過程（執行）中持續產生每日的覺察和更多的創意，直到實現為止。我覺得這才是價值所在。

符合這些條件的人，才有辦法贏回「沉浸其中的工作方式」。

以此為前提，為了使團隊擁有跨越障礙的能力，讓組成團隊的個人都沒有「被交代的工作」很重要。

只要有一個人覺得自己是被交代工作，團隊就無法在必須克服困難的階段努力不懈。

在這點上，我經常看到大公司輸給新創公司的場景。

讓我們總結一下到目前為止的內容。

首先，公司雖然有資金可以投資，卻找不到可以當作投資對象的人才或事業。因此，這正是上班族們抓住大好機會、利用公司的時候。

其次，由於合議制無法促進改革，所以需要一個擁有壓倒性當事者心態的個人，組建一個沒有人「被交代工作」的團隊，這點至關重要。

以上述內容為基礎，檢視一下你目前所處的團隊吧。在下一節中，我將就這點為你介紹三個主軸。

重新確認自己的「工作風格」

如同前述，對於個人而言，從諸多選項中選出對自己來說最能專注的工作方式、工作內容是很重要的。

不過，光靠自己一個人確實無法成大事，所以在這裡，讓我們簡單地重新確認一下在團隊管理中應該思考的問題。

在未來，個人將會在一支具備**「多元化價值觀」「多樣化前提」**以及**「各種契約型態」**的團隊中工作。

如果你缺乏這種多樣性的觀點，整個團隊就無法一同前進。

以此為前提，以下列出你應該牢記的三個要素。

風格1

「工作的價值觀」

首先，談到工作方式不同的問題。

在序章中，我們談到了「工作・自我・關係」，但這三者的優先順序因人而異。

此處應考慮以下選項。

1. 想自己做選擇的人（自立型） or 想由他人替自己做選擇的人（合作型）

2. 工作即生活（Work as Life） or 工作與生活平衡（Work Life Balance）

還請理解，這並沒有好壞之分。

第一個是關於「選擇」的問題。

這是價值觀上的差異，如果你叫一個合作型的人「自己做選擇」，或是叫一個自立型的人「按照我的決定去做」，也無法解決任何問題。

一旦想去改變別人，就可能會給彼此帶來很大的壓力。

所以，也請檢視一下自己是哪種類型，並讓團隊成員知道吧。

如果你是團隊的管理者，更需要進一步確定成員是哪種類型，並提出適合不同人的建議。

例如，自立型的人應該可以自己決定「一週有幾天要居家上班」和「多久開一次一對一的會議」，你只需要在有問題的時候提出來就好。

而對於合作型的人，管理者最好將選擇範圍縮小到兩個選項左右，讓他只需要做最後的選擇。

這種調整平衡的能力，將會是未來管理的一個重點。

接下來，是關於「工作即生活」或「工作與生活平衡」。

這也是跟價值觀有關，所以不能強行去改變別人。

就我而言，在建立團隊時，我會詢問成員允許的工作範圍，並嘗試尋找價值觀相近的人做為團隊成員。

在未來，如果進入以遠距工作為主的時代，最令人煩惱的可能會是思考「他有在好好工作嗎？」「他有主動做好工作嗎？」的成本。

如果團隊中成員的價值觀有落差，就必須浪費更多時間來確認，只會讓大家的工作模式變得很糟糕。

如果成員在工作中是站在相同立場、扮演相同角色，就儘可能多找一些價值觀相近的人吧。

雖說如此，許多團隊的成員是由公司來決定的。大多數人可能只在這個團隊的範圍內，決定誰要去做什麼工作的權利。

「為什麼只有我一個人在努力？」

「為什麼我下班之後還得回信？」

……等等，如果成員的價值觀有落差，就會造成團隊的內耗。

在這種情況下，與其試圖去磨合不同價值觀，不如將其上升到管理的層面去處理。

你應該與上層分享你的價值觀，而如果你站在領導者的立場，就最好根據以上的前提來建立你的團隊。

每個人都必須真誠地面對自己的工作，同時保持價值觀的多樣性。

風格2

「在公司裡的位置」

接著，是因公司類型而異的問題。

根據你目前的職位和工作性質，你需要注意一些變化，讓我們先釐清一下這些要點。

首先，我們要再次確認公司・事業目前是處於哪個階段。

不管是什麼樣的例子，都會經過「草創期↓成長期↓多角期↓再生期」四個階段。

在每個階段中聚集的人，性質也會有所不同。

例如，現在的 JINS，比起二〇一一年我加入時，市值相差了十五倍左右，業務規模也相差五倍以上。

我是公司的「成長期」加入的，因此對於工作的動機以及對於公司的期待，會和在「草創期」就在公司的傳說人物，還有在最近的「多角期」進公司的人很不一樣。

我負責的新創事業團隊，主要是由在成長期初期加入公司的成員組成。

我喜歡開創新事物時的興奮感，但要從已建立的既有業務中獲得動力並不容易。

在一個新事業中，會根據成員的類型來進行劃分，決定是誰要從0做到1、誰要從1做到10，或是從10做到100。

當該階段與自己的工作類型相呼應時，我們就能抱持熱情沉浸於工作中。

反過來說，如果兩者有落差，我們就會拿不出幹勁。

風格3

「契約型態」

最後是關於「契約型態」。

如今，從正職員工到外包人員，大家扮演的角色和職位之間的界限都漸趨模糊。

在不同的契約型態下，如何建立團隊、推動工作，將是管理者該特別留意的重要課題。

例如，發案方與接案方之間存在的權力關係就可能是一個問題。

接案方大多數情況下都是處於弱勢，這時溝通就成了商務談判。

但就完成一項任務而言，我們必須要能夠談論對彼此的看法，否則將無法朝著更好的方向前進。

此外，年輕的正職員工，經常會對工作上秉持成果論的外包人員感到心有芥蒂。他們可能會忍不住介意起**「為什麼他明明就跟我做一樣的工作，卻……」**

在這種情況下，就需要好好傳達「社會保障和就業穩定之間的權衡」，以及「企業的成功將增加市場價值和個人成長」等概念。

無論是什麼情況，唯一要關注的問題就是契約型態類型不同，可能會造成我們無法專注於「眼前的工作」。

個人需要獨立思考，管理者也需要體諒自己的成員。以存在各種不同契約型態為前提，找出讓大家都能沉浸於工作中的方法吧。

「跟哪些人要如何工作」的策略

在上一節中，我們解釋了三種工作風格。

在選擇多樣化的時代，重點在於要讓每個人都能在眾多選擇中，毫不猶豫地與自己的團隊一同邁進。

在這裡，我將更進一步說明如何超越「專注」，進入到「沉浸」的個人策略。

由於副業的限制解除、社群平台等溝通手段增加，知識性生產方式也變得更加多樣化。

我們愈來愈熟悉如何**「借用他人的頭腦思考」**以及**「讓他人涉入工作中」**。

如第90頁所述，與非同事人員溝通的百分比明顯高於疫情之前。

我個人每天都意識到，自己身邊一共存在五種人際關係：

1. 同事（業務關係密切的部門人員）
2. 投資人．出資者（公司經營階層）
3. 外包團隊成員（參與構想的工作夥伴）
4. 合作單位（共同打造服務的公司的人員）
5. 沒有利害關係的人（價值觀相同或志同道合的人）

在過去，「1～5」之中愈靠右邊的選項，一起工作的占比愈大。

不過，當我們開始著手一項新創事業，界限就明顯開始消失。

有些人是「不在其位，不謀其政」，也有同事是幾乎不參與其中的。

我最近也涉獵到經營企劃等部分，但即使是在這樣的構想階段，「1～5」之中的哪些人可以成為我的支持，也完全是個人層面的決定。

我認為對任何工作而言，掌握「讓哪些對的人加入」都很重要。

換句話說，「隸屬於什麼樣的組織」「以什麼樣的契約型態合作」並不重要，重要的是與誰建立什麼樣程度的聯繫，才能建立起一個團隊，面對課題。

這是我在本身一路開發新事業、不確定性高的工作中所感受到的議題。我也和許多負責新創事業開發負責人，或是面臨組織．人事議題的人持續討論。

在未來的時代裡，我們不會只和公司裡的同事一起面對專案。即使你目前沒有擔任領導職務，但就如何讓自己和同事以外的人**「以自己的方式面對挑戰」**而言，領導力和參與度絕對很重要。

將這裡所提到的領域涵蓋在內，以下將介紹讓人能沉浸於工作的技巧。

技巧30

別在框架下「被交代工作」，而是要「抓住軸心」

「重要的不是框架，而是軸心。」

這是我和普羅諾伊亞集團（Pronoia Group）負責人，彼優特．菲利克斯．吉瓦奇（Piotr Feliks Grzywacz）先生共同受訪時，他所說的一句話。

提到所謂的「管理」，我們對團隊管理的第一印象，就是「設定目標，依此設定好角色框架，並將人員分配到每個框架中，讓他們推動工作」。

然而，在一個不確定性增加的時代，如果你依然扮演著半年、一年前設定的目標中的角色，就很難把工作做好。

至少，我很少看到因此成功的例子。

尤其是在開發一個不確定性很高的新創事業時，經常會出現朝令夕改的情形。

事實上，在我所處的環境中，早上的想法到了晚上可能真的會有所不同。

即使定義好任務角色和任務級別，只要發現上個禮拜講的事情有什麼地方行不通，我就會在「構想↓計劃↓執行」之間大力來回確認，進行團隊管理。

實際上，如果你每個月都做一次分工表，就經常需要切換管理，發現「這裡好像要這樣做才對」。

出乎意料的事情在現場總是會發生無數次，甚至數十次。但即使如此，成員們還是會秉持善意，表示**「我會把這件事情撿起來做，想辦法解決它」**，或是**「只要發現了新問題，就拿出餘力來解決吧」**。

唯有這樣的團隊，才能真正創造出新事物。

這裡重要的是我從一位腦神經科學家那裡聽到的如下內容：

「靠腎上腺素動起來，頂多維持四個月；靠多巴胺動起來，可以維持四年。」

這意味著即使你勉強自己，也只能維持四個月；**但如果是你自願想做的事情，就能夠維持四年。**

對於「被交代的工作」，你頂多只能專注四個月。

但另一方面，如果你是為了自己的樂趣而積極行動，大腦就會釋放多巴胺這種腦內物質，讓你能夠滿懷熱情工作。

或許四年時間還不足以創新事業，取得巨大成就；但為了長久保有對工作的熱情、沉浸其中，光是在固定框架下工作是不夠的。

如第238頁所見，那些自立型／工作即生活的人，會依自我意志決定身處的領域，並在一個有自覺推動工作的團隊裡工作。

如果被迫在固定的框架下思考，大腦是不會分泌多巴胺的。

如果你是一位領導者，你需要提出一個自己覺得「有樂趣」的軸心，並打造一個只由與你有共識的人組成的團隊。

在這個時代，我們不該被賦予框架，而是要抓住軸心，並期待來自共識的力量能夠突破現狀。

這不僅是推動新創事業，更是能推動所有工作的重要因素。

還請你務必記住這一點。

技巧31 採取增加「工作樂趣」的立場

從前面提到的「框架」出發，讓我們更深入了解什麼是「工作的樂趣」。

所謂的「樂趣」，因人而異。

即使是做相同的工作，有些人會覺得「很有樂趣」，有些人則會覺得「很無聊」。

這主要會受到**「如何傳達訊息」「如何表現期望」「如何對成果做出回饋」**等因素影響。

如果缺乏這幾點因素，成員可能會出現這樣的不滿：

「老闆想要這樣做，所以我也沒辦法。」
「我不知道這個工作的未來發展在哪裡。」
「我也不清楚自己是為什麼做這個工作，總之就做吧。」
「完成任務之後，我也不知道這樣到底是好是壞。」

如果出現這樣的情況，肯定就是處於「無聊」的狀態了。

對個人而言，如何找回工作的樂趣很重要，但更重要的是領導者的角色。

因此，讓我們透過以下的象限圖，看看一個團隊該怎麼樣運作。

領導者應該將自己的想法融入到具體的工作中，並將其交付給團隊成員。然後扮演支援的角色，發揮提升成果的作用。

在此之際，領導者自然會做出身為團隊成員該有的行為，我們可將其分為以下四種。

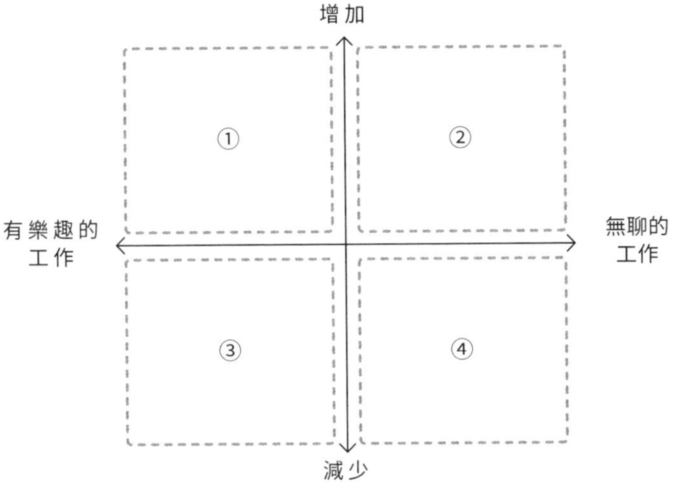

首先，我們來認識一下這會在上圖的哪些地方發揮作用。

即使你不是領導者，也要想想你的主管是扮演什麼樣的角色。

如你所見，**如果你正在做的是「②增加無聊的工作」和「③減少有樂趣的工作」，就代表你沒有發揮領導者的功能。**

這可能會牽涉到各種層面，但如果不加以改善，就會成為大問題。

此外，基於數位化轉型（Digital transformation）等趨勢，那些「無聊的工作」在未來會被要求更有效率。

重點在於，我們是否可以**專注於「①增加有樂趣的工作」和「④減少無聊的工作」**。

我本身的工作跟開發新創事業有關，所以比起「①」，我是更強調「④」的類型。這跟技巧30中強調的「不要框架，而是要軸心」也有所關聯，我們的信念是把「①」的優先順序放在前面。

而在其中，也有些人會表現出更接近「④」的領導力。

就我所觀察到的情形，人們大半會傾向這兩者的其中一方。

在許多公司的創業案例中，會是由兩人以上或多人共同創業。這兩種類型都是必要的，但很難由同一個人將兩種類型內化，因此還是需要做出角色劃分。

順帶一提，在Think Lab團隊中，飯塚先生擁有更接近「④」的領導力。

請你重新檢視一下，自己是在「增加有樂趣的工作」，還是「減少無聊的工作」呢？

我之所以會試圖「增加有樂趣的工作」，是為了**「和那些想做的事相近的人成為夥伴」**，以及**「表明我對自己的工作樂在其中」**。

我可以毫不誇張地說，第一項因素在招聘人才或人事異動時占了80％原因。

當我參與招聘時，我只會和那些懷抱高度熱情談論自己服務的人做朋友。如此一來，即使因為想出了什麼好點子，而讓工作增加，也能夠一邊說著「看來我們接下來有得忙囉」，一邊在積極的氛圍下工作。

關於第二點，既然任何工作都有其樂趣，我會盡量用語言表達和傳達我自己的樂趣。在每天早上的晨會中，我會試圖通過具體的談話，例如前一天與朋友的互動等等，傳達我對自己服務的反應，以及我的喜怒哀樂。

我總是致力於在各種情況下傳達「我很高興自己能提供這項服務」。如果某句話可以在某處成為契機，多少帶來一點影響，我相信它最終能幫助到某個人增家工作的樂趣。

以上的內容著重在團隊的部分，可能有一些地方我們無法馬上做出改變。但只要把握當前的情況，我們就能思考未來的工作選擇，以及如何置身其中。還請以增加「有樂趣的工作」為目標，讓自己可以抱持熱情、沉浸於工作之中吧。

不知不覺發揮影響力的「人際關係」策略

在第142頁，我解釋了所謂的「機緣巧合」（Serendipity）。好點子往往是在深度專注之後，才意外從天而降。

在知識性生產活動中，**玩著玩著腦海中就突然冒出最佳創意，是再自然不過的事情。**

我與那些能提出絕佳創意或產量驚人的人交談後，感覺他們和一般人的差異是在於「輸入的時機點」。

不過只要透過Google，有很多知識都能立即取得。差異在於，你是否能接觸到**「足以轉化為智慧的深刻且新鮮的資訊」**，或是**「儘可能不同於自己想法的思考方式」**。

如果沒有這樣的輸入，就不會有不同於他人的創意或產出。

當我見過那些活躍在前線的人之後，我認為人類的大腦結構其實並無太大差異，差別只在於能否透過不間斷的高品質輸入，來持續升級大腦的處理程序。

我也提到，「和誰一起工作」的範圍，已經不僅限於身邊的同事

換句話說，無論是「孩子的一句童言童語」，或是「搭高鐵時與鄰座的談話」，可能都有助於思考工作或解決問題。

我們也常聽到這樣的說法：當遠距工作成為主流之後，「聊天」的重要性將與日俱增。

綜上所述，在這個時代，我們特別缺乏的可能就是那些**「離自己很遙遠的人」**。

讓我接著告訴你如何找到他們吧。

技巧32

跟那些「遙遠的人」談談你的工作

您最近是否和那些「離你很遠的人」交談過呢？

所謂的「遠」，不限於距離。

如果您從「離自己的工作很遠」的意義來思考，範圍就會很大。

例如，對我來說，我的母親和其他家人就是那些很遠的人。

即使我和母親談到 JINS MEME，她一開始也完全搞不懂我在講什麼。

「所以做這些事情有什麼意思？」「這麼難的事情，一般老百姓才不會管啦。」她是這麼說的。

我們習慣的邏輯結構不一樣，對於工作和服務的基礎價值觀也不同，所以在向母親解釋的時候，我拼命地思考**「要怎麼表達她才能聽懂？」「要用什麼樣的例子才能讓她理解？」**

這項作業實際上對我的工作非常有效。

因此，我試著每隔幾個月就跟母親講述一下我的工作。

對於同事或合作單位的人來說，這些關於專業領域的內容是理所當然的事情。

即使不解釋得那麼詳細，大家也知道我在講什麼。

雖然這能使日常工作更加順暢，**但也存在風險，讓你誤以為全世界的人都能接受自己在做的事。**

換句話說，每個人都有成為井底之蛙的潛力。

為了跳脫這種思考框架，有必要跟那些「遙遠的人」談談你的工作。

再打個比方，我在東京一個叫三鷹的地方長大。

如果對方也是東京人，比如調布市人，我會說「我在三鷹長大」。

如果對方來自埼玉縣，我會說「我在東京長大」；如果他來自關西地區，我會說「我在關東長大」。

跟中國人說話時，我會說「我是日本人」；跟歐洲人說話時，我可能會說些代表東方人的發言；如果有外星人，我可能就會用地球人的身分說話了。

也就是說，對方離得愈遠，我們說話時的觀點就要愈高，抽象程度也會愈高。

這正是與遙遠的他人交談的意義。

我們只能透過與他人的比較，來認識和了解自己和自己對事情的認知．理解。

我們也只能從與他人和其他工作的「差異」中，去認識和理解自己的位置。

比起「我在三鷹長大」，我們更該站在「我是地球人」的立場，拉高自己的視野、客觀地看待自己，談論真正本質上的意義。

從鳥瞰的角度談論自己，也跟切換「宏觀腦」息息相關。在獨處時間進入深度專注的狀態，然後通過聊天放鬆，客觀地看待自己，就能催生出獨創性。

這也與後文描述的「持續重新定義的意識」有關。事業體在既有事業中的創新，始於重新定義自己的產品和服務。所謂的「重新定義」，就是需要一個從完全不同的角度切入產品或服務的大腦。

這可以透過與遙遠的他人對話來達成。

技巧33

在「其他領域」露臉

如同上一節中所提到，我想談談超越業界的「牽涉其中的能力」。

因為我越來越意識到我在新業務開發中的策略也適用於普通大眾，所以我將它介紹給大家參考。

首先，讓我以在日本開發新創事業的人的身份來談談。

「將人類表現可視化的眼鏡型智慧裝置──JINS MEME」「全世界最能讓人專注的空間──「Think Lab」，不管何者，我都為它們在概念層面的新穎性感到自豪，這也為我帶來許多樂趣

然而，**「在其成為人們可接受的服務」**之前，還有一條滿布荊棘的道路要走。

在那之後，你必須克服決定它是否進入大眾市場的「鴻溝」（chasm）。

即使對人們說「這個概念很棒」，那兩堵高牆仍然會矗立在事業開發人員面前。

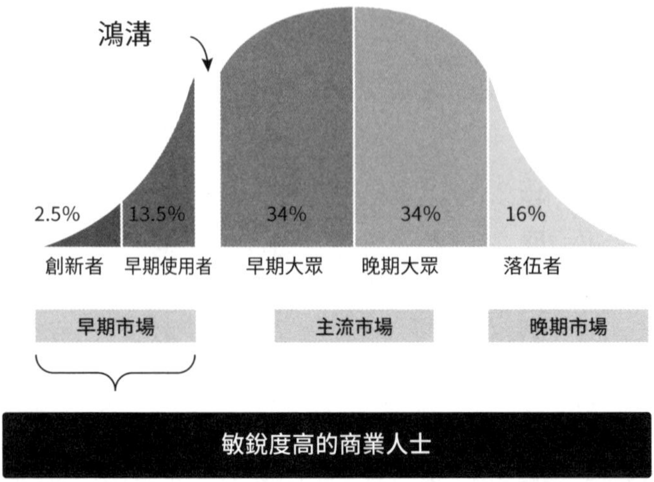

克服這一點的方法之一，就是**「參與集合各公司關鍵人物的聚會」**。

在思考服務的時候，首先我們會設想如何將它打造成一個能在鴻溝之前強烈吸引「創新者」和「早期使用者」的服務。

如果你深入訪談在服務的早期階段就給予回應的人，或是和他們一起喝酒聊天，那麼你肯定會發現：他們要不就是正在自己開公司的人，要不就是在某間公司的不同領域扮演關鍵角色的活躍人士。

在過去幾年中，有大約兩千人和我成為臉書好友，他們極有可能都是在各處扮演某些關鍵角色的人。

對這些擁有豐富知識與想法的人來說，體驗

其他服務並將經驗回饋到自己的工作上，就像呼吸一樣自然。

如果你身在日本，你會有世界很小的錯覺，彷彿光是在「朋友的朋友」的範圍內，就已經可以連結上所有關鍵人物。

這就是敏銳度高的人彼此連結的方式。

例如，我現在是一家發展睡眠相關業務的新創公司的顧問。我們正在創立一個社群，尋找對睡眠高度敏感的代表性使用者，企圖喚起社會關注與睡眠相關的議題。

我們在 note 及 Instagram 等社群平台上尋找發布關於睡眠的有趣貼文的人，並向這些人介紹我們的活動。

令我驚訝的是，這些人全都參與過某間新創公司的成立，或是參與了大公司內部的新創事業開發專案。

這些推動有趣事情的人們，都處於相當容易聯繫的狀態。他們經常能透過共同朋友相互聯繫上，也能和人暢談無阻。

由於抱持這樣心態的人為數眾多，他們應該很容易達成跨公司和跨領域的連結。因此，我也推薦你加入跨領域的社群，並透過由點到線的串連，擴展彼此之間的交流。

直到大約五年前，我都沒有積極跨出同溫層。日本企業裡的許多人，也對於去參加活動感到很抗拒。

但讓自己動起來有益無害。**你不妨和朋友一起參加有趣的讀書會或小聚，在不同地方露個臉。**

順帶一提，這我在過去五年參加過的活動。

- **新創小聚：「ICC」「IVS」等。**
- **公司內部的青年小聚：「ONE JAPAN」「始動」等。**
- **特定產業的聚會：「WAA」「產業聯盟」「HR・Facility 讀書會」等。**
- **商業學院的聚會：「WBS」「Glovis」「KBS」等。**

這些都是來者不拒的聚會，所以只要你自己動起來，就能找到關鍵人物。

此外，現在也有許多線上研討會（webinar）。無論你住在什麼地方都可以參加，門檻已經大大降低。

如果你只是在自己的公司或產業裡閉門造車，視野就會變得愈來愈狹隘。從外部觀點重新審視你的本業，找出可以讓自己沉浸其中的元素吧。

技巧34 忽略那些「只會出主意的人」

如前所述，我一邊開發新創事業，一邊「參與集合各公司關鍵人物的聚會」以及「跟那些遙遠的人交談」。透過向社會募集不同的概念，我們正在營造一種尋求協作創意的氛圍。

實際上，我的社群平台就是一個用來宣傳事業理念和服務的地方。

雖然它通常會帶來好的效果，但副作用就是會出現一些「只會出主意的人」。

我經常收到類似「不好意思擅自打擾，我是○○先生的朋友，相當支持井上先生在做的事情。我有一些好點子，不知道方便跟您談談嗎？」的訊息。

一開始，我們會一一回應這樣的聲音，**但卻從未發展出任何實際的作為**。

我認為也有必要知道在公司裡要如何與這種人打交道，在此容我介紹一下。

還請留意以下的溝通情形。

- **「和別人交流」這件事本身就是他的目的**
- **他並不覺得自己佔用到別人的時間**
- **不管別人做什麼，他都不加思索地讚美**

如果你發現自己有遇到以上的溝通情形，基本上無視他即可。

當然，如果只是路過閒聊姑且沒關係，但我不認為需要特地挪出時間聽他說話。

如同我在第234頁所述，「創意本身並沒有那麼有價值」。

當一個人想到一件事之後，這種突然冒出來的想法，唯有在具備突破障礙的領導力和有執行力的組織的情況下，才能彰顯其價值。

對於那些聲稱創意本身就很有價值的人，無視他才是正確的處理方式。

如果難以直接拒絕，可以回覆他**「如果你有任何想法，歡迎寫成提案給我」**。

即使是在團隊進行腦力激盪的場合，除非每個人都為了當場提出好點子，做出經過深思熟慮的假設，否則什麼事情都不會發生。

還請你務必記住這一點。

技巧35

站在對方立場的「伴手禮提案」

當你讀到技巧34時，你可能會擔心：「別人會不會覺得我是一個只會出主意的人？」

當你參加各種聚會，與那些「遙遠的人」交談時，需要抱持某個心態。

那就是**「把提議和資訊當作伴手禮交給對方的心態」**。

換句話說，就是要經常思考「什麼東西對別人來說才是有用的」。

賓夕法尼亞大學的亞當・格蘭特（Adam M. Grant）教授說過：**「要當一個給予者**[註24]**（Giver），而不是索取者（Taker）。尤其是他人導向的給予者。」**

亞當教授建議，一開始要擺出願意給予對方東西的「給予者」姿態。如果對方是只會一味要求的「索取者」，就轉換成能立即平衡盈虧的「互利者」（Matcher）姿態。

一個在人際關係中經歷過多次試錯的人，為了同時看到一個人好的地方和壞的地方，便會成為「他人導向的給予者」。

這樣的人最適合成為你的商量對象。

這就是為何你應該成為一個給予者，將你的智慧用於給予對方幫助。

我經常聽到，日本的大企業前往矽谷或中國企業進行拜會時，會抱持「想向對方請教各種事情」的態度，他們不喜歡在沒有任何伴手禮提案或資訊的情況下就去朝聖。

與第一、二章中關於「專注」的內容一樣，**詢問「你現在方便嗎？」的行為，代表你打斷了對方進入深度專注之前的那23分鐘**。

因此，讓對方為自己花時間時，我們也應該抱持敬意審慎以對。

順帶一提，為了準備伴手禮提案，我把最近聽到的所有話題、想到的話題都寫在手機記事本裡，這樣也可以當作聊天題材的備案。

「前陣子，我遇到一件很有趣的事。」只要先開啟話題，讓對方享受同樣有溫度的談話時，絕對能促成一次很好的交流。

所以，我總是會事先儲存好一些題材；反之，如果筆記的更新頻率變低，我就會焦慮起來。

無論如何，只要像這樣先準備好話題，就可以讓你先站在給予者的立場。

技巧36
「內化」你的多重角色

到目前為止，我們已經討論到如何與自己以外的他人（Who）建立連結。

接下來，就來談談關於「自我之中的數個『Who』」的想法。

法政大學工商管理學部的永山晉教授正在進行一項有趣的研究。

他們從「Oricon」音樂排行榜中蒐集了三十五年間的單曲數據（約兩萬五千首首歌

曲），統計並分析了在一個企劃團隊中，有具備哪種體驗的創作者，會更容易創作出熱門單曲。

結果顯示，在創作出熱門單曲的創作者中，無論是跟歌手、作曲人、作詞人、其他、還是各種樂器等要素有關，能夠大放異彩的創作者都是**「分別擔任過許多不同角色的人」**。

換句話說，如果你將自己扮演過的諸多角色內化，就能讓不同領域的經驗產生加乘作用；當你擁有的角色愈多，你就愈能產生他人無法企及的獨創性。

這正是那些爆炸性單曲之所以誕生，並受到世間關注的原因。

在管理學中，這被稱為「個人內在的多樣性」（intrapersonal diversity）。為了與其他人交流，人們必須配合彼此的時間，或是以相同水準的語言交談。不同的大腦不會為了探索知識一起工作，人類的思考是有限度的。

但是，如果你擁有豐富的經驗，則可以使這些經驗和智慧發揮加乘作用。

因為是自己內在的經驗，不需要特意安排時間，也不需要尋找特定地點，你可自行創造許多PDCA循環，開啟你的思想實驗。

這將能大大增加創造新事物的可能性。

根據教育改革實踐家藤原和弘的著名理論：「如果你努力十年，可以達到某個領域百中選一的水準；如果你努力三個十年，就可以打造出100人×100人×100人，百萬之中選一的獨一無二領域。」

按照這個理論所說，讓你的內在也能擁有好幾個不同的「Who」吧。

我還在努力學習中，但以下的事情我已經堅持了五年：

1. 專注・個人表現的研究

2. 新創事業開發經驗

3. 策略諮詢顧問經驗

就「2」跟「3」來說，光是日本就有數十萬人擁有相同經驗。但「1」的競爭人選並不多，我相當自豪自己是世界上唯一一個能在這三個項目間保持良好平衡的人。

因此，當我收到來自各地的諮詢、講座和節目邀請時，我會將「1」應用於「2」的話題中，或是告訴大家如何在「2」之中利用「3」的經驗，創造出更多話題。

說得出以上的內容，就已經足以證明自己內在的加乘作用。

此外，透過「3」建立的B2B業務經驗、人脈關係，也能用於提出「1」和「2」企業解決方案。

到目前為止，我們已經研究了關於人際關係的策略，包括如何接收來自周遭他人的影響，以及如何透過人們牽涉其中以催生出智慧。

特別是日本企業的人，一向不擅長透過共同合作來探索知識。

光是自己一個人的時間，所能達到的思考範圍是有限的；因此我們才要與人連結，累積自己的內在的經驗，發揮打造獨創性的加乘作用。

為了做到這一點，首先就是自己必須要動起來。

決定「為什麼而做、做些什麼」的策略

從專注力的專點來看，一個確實知道自己「為什麼而做」的人能夠發揮非常高的專注力，如同第194頁設計師的例子。

能把「為什麼而做、做些什麼」的意志，融入到眼前正在做的事情的人，能夠最大限度地專注於自己的工作。

在未來的時代，隨著可以擁有的選項變得更加複雜多樣，可以樂觀談論「為什麼而做、做些什麼」人和組織將更加強大。

從社會背景看來，投資標準不再只限於「提高收益」，對於永續投資（ESG，即環境（Environmental）、社會（Social）及公司治理（Governance））的認同也逐漸增加。對個人而言，講述如何發現自己「獨特性格」的商業書籍也深受歡迎。

負責招聘的人事人員也表示，在這個時代，一家公司如果無法好好提出、傳達自己的

企業理念（為了什麼而工作），將難以獲得好的人才。

即使是那些位處事業營運核心的人，組織規模愈是擴大，他們似乎就愈難以一言說盡「是為了什麼才做這件事」。

大腦傾向「找理由不做」

在一個新創事業中，你愈是在構想階段將「為什麼而做、做些什麼」的意志注入其中，就愈能在後面的「計劃．執行階段」彰顯出個人或組織的強大。

這是因為，你不會陷入**「找理由不去做、最浪費時間的狀態」**。

推動新事物或成就一件事的最大阻礙，就是那些「找理由不做的人」和「思考不做的理由的時間」。

大腦會消耗身體四分之一的能量，人也是一種動物，所以往往會傾向減少能量消耗，以增加生存機率。

這就形成了一種「找理由不做」，讓事情一拖再拖的壞習慣。

只要抗拒大腦的這種壞習慣，減少浪費的時間，就能持續將精力直接投入到眼前的事物。如此就能進到深度專注的狀態，並沉浸於自己所從事的工作中。

在這裡，讓我們弄清楚自己「為什麼而做、做些什麼」，並為成為一個可以純粹投入能量的人做好準備吧。

技巧37 抱持「健康的焦慮」

「對未來模糊的焦慮」會擾亂注意力。

不過如果是「健康的焦慮」，情況就會相反。以下容我解釋一下。

例如，無論從商業的角度或個人的角度來看，商業模式和個人技能過時的速度都與日俱增。

我們 JINS 公司的田中仁社長總是說，「即使是目前的主力眼鏡商品，也可能在五年後消失。」

「如果我們不衝破自己的商業模式，就絕對沒有未來。」他也常常將此掛在嘴邊。。重要的是，**永遠不要讓自己置身在「〇〇已經過氣了」的淒涼處境裡。**

即使心裡感到焦慮，但如果從現在開始好好審視、制定策略，那就是「健康的焦慮」。唯有焦慮與「變化」結合之際，才能發揮出它的力量。

妙心寺春光院的川上全龍和尚也說過類似的話。

「那些擔心佛教未來的人常說著『一定要守護傳統』，但他們誤會了『守護』這個詞的意思。」

日本各地的寺廟似乎比便利商店還多。不過川上先生表示，目前看來，寺廟提供的附加值似乎並不比便利商店高。

不過，正因為它如此普及，一直到江戶時代之前，它肯定都有相當顯著的價值。

換句話說，從古至今，佛教和寺廟都不斷融合當下的「最新科技」，持續成長改變。

因此川上先生不僅守護傳統，還進行了各種有趣的活動。我們也與他合作，例如用JINS MEME 量測人們來廟裡修習正念時的專注程度。

無論是佛教還是公司，我們都必須重新審視自己過去的做法。

如果人們在面臨變化時，都因為感受到壓力而停下腳步，那會是很危險的事。

技巧38
用言語表達你的「焦慮」

提醒你「健康的焦慮」的重要性的同時，讓我們進一步整理工作上該做的事情吧。因為這個問題相當根深蒂固。

在大腦構造中有一種名為「突觸」的資訊傳遞物質。眾所周知，經常使用的大腦迴路更容易傳遞資訊，不常使用的大腦迴路則比較難以傳遞資訊。

換句話說，人類原本就有一種大腦結構，可以用熟悉的方式有效傳遞資訊。**如果只是重複同樣的事情，就能在沒有壓力的情況下運作。**

因為人類是一種只要能想辦法活著，就永遠不會改變的生物，所以你必須有意識地嘗試改變它。

世界第一的投資大師華倫．巴菲特曾說：

「人類最擅長這樣過濾新資訊，使現有解釋仍然成立。」

這和前面說到的「找理由不去做」是一樣的。

許多企業和國家仍沉溺於舊有的致勝模式，陷入創新的困境並逐漸衰敗。

既然歷史證明了這一點，那你就有必要把自己意識到的「破壞式創新」（Disruptive Innovation）說出口，然後實際去做。

因此，以下三點對於個人和組織如何維持「健康的焦慮」很重要。

- **將焦慮轉變成「言語」，清楚地意識到它**
- **將焦慮與悲傷分開來表達**
- **找一個你可以尊重的人或對象，留意你們之間的差異**

如果不去有意識地做到這三件事，人類就只會倒退回過去的成功經驗和致勝模式。

要打破自己的致勝模式，需要耗費巨大的精力。如果屆時唯一的能量來源是負面情緒，人就無法動起來。

請記住我在第248頁提到的，「靠腎上腺素只能維持四個月，靠多巴胺可以維持四年」。

諸如「不做這件事就會被罵」之類的負面情緒，只會讓你腎上腺素飆升。

也就是說，**很多事情即使強求，也撐不過四個月**。

許多企業無法做出改變，是因為在開始改革的四個月後，他們只能想出一個概念，沒辦法去落實。

因此，你首先要成為一個能時常表達出對變化的喜悅的人，我相信這才是捷徑。

接下來，我來解釋一下第三項的「找一個你可以尊重的人或對象」。

這裡引用日本銀行業巨頭、SBI控股的北尾吉孝先生所說過的話。

「所謂的『敬』，就是想走向更崇高的境界，試圖接近偉大的精神。與此同時，它也是一種反省自己、為自己無法達到的東西感到羞恥的精神。[註25]」

誠如上述，要想不滿足於自己的現狀，就得找一個能夠尊敬的對象，讓自己感到自嘆不如，否則就無法做出改變。

這不是叫你一味跟他人比較，讓情緒跟著大起大落；而是要抱持「尊重」，並對自己的現狀心懷「憤慨」。

如果您現在仍無法沉浸於眼前的事，請花點時間思考這一點。

技巧39 持續「重新定義」

到目前為止，我們談到了「健康的焦慮」，它是改變現狀的動力源泉。

接著，將為你介紹能成為你「該做什麼（What）」的起點的思考方式。

當您開始一件新的事情時，要無中生有是相當困難的。

但從現有的業務或過去經驗裡，你將可以找到改革或改進的捷徑。

因此，讓我們從「重新定義」的角度出發，**思考現有產品及服務的「什麼會改變」和「什麼不會改變」**。

「重新定義」可以分為三個層次。

1.「願景」層次

2.「顧客樣貌」層次

3.「商業模式」層次

讓我們從這三個層次，重新審視自己正在做的事情。

在這裡，我將使用我負責營運的工作空間事業「Think Lab」為例，為你進行說明。

「1」的願景層次，定義了我們開展這個事業的原因。

再次審視它，「Think Lab」的願景就是「Live your life: 找到專注於自己人生的方活方式」。

將願景化為言語，就能讓人有所意識，讓你回想起那個願景。

到目前為止，我們已經提供了一個可以專注的「空間」；但從我們的願景來看，有人認為「時間管理」也很重要。

也有人提出了「應該重新發明行事曆」的新想法。

這就是對願景的「重新定義」。

「2」與「3」這兩個層次緊密相連，所以我將兩者一併解釋。

近年來，疫情導致工作方式發生根本性的變化，我們也被迫對「顧客樣貌」和「商業模式」進行大幅調整。

到目前為止，我們是以「世界上最能專注的空間」為號召，為秉持高度自覺、想改造生活的辦公室工作者提供服務。

但由於疫情的緣故，社會課題的比重明顯產生變化，我們正在以得一邊照顧孩子、一邊居家上班的人為對象，重新定義我們的服務。

於是，我們提供的價值從「最高等級專注」的概念，轉變成「可以獨自喘息的時間（也可以專注在自己的事情）」。

我們的商業模式也不再只有「商店管理」，還擴展到「家居產品開發」。就像這樣，只要從「顧客樣貌」和「商業模式」這兩個層次出發，就能夠重新定義自己正在做的事。

以上就是三種「重新定義」的方法。重要的是要**「時刻審視自己的業務發展方向」**，然後**「持續傾聽潛在客戶『真正的煩惱』」，以及「我們到底想做什麼事」**，就是這麼簡單。

當然，在這本書出版之後，我們也可能會轉向完全不同的方向。「重新定義」就是這樣永無止境，持續下去絕對有其意義。

技巧40

將「重新定義」的時間排進行事曆

這裡已經動用了本書目前為止說到的所有技巧，但除非你意識到上一節中的「重新定義」，否則就無法踏出下一步。

甚至連前言中提到的「重要性和緊急性象限圖」，都會被分配到緊急性較低的第二象限。

因此，我將談論如何將「重新定義」排進行事曆中，並分享我的個人經驗。

為了喚起你對於「重新定義」的意識，我先介紹一下自己一週的時程安排中，比較具代表性的部分。

週一

- **早上：與其他部門的系統團隊會面**
- **午間：與大企業的執行董事會談**
- **晚上：在新創活動演說**

週二

- **傍晚：和社長 meeting**

週三

- **午間：與大學的腦神經科學教授共進午餐**
- **傍晚：與設計團隊會面**

週四

- **早上：與藝術總監的早會**
- **午間：與禪師通話**

如你所見，我一週共有高達八次的機會，從各式各樣的人的獨特角度獲得「覺察」。不管是其中的哪一個，都是讓我得以思考「重新定義」的機會。

這也可以說是第255頁提到的「和遙遠的人交談」，但有機會讓你「重新定義」自己工作的人，最好要和自己擁有完全不同的屬性。

我會優先安排這些時間，並將其排進行事曆中。

還請你以每週或每個月為單位，回顧一下自己過去的時程安排。

如果你完全沒有跟「重新定義」相關的安排，可能代表你目前的處境很安全，但這也意味著你沒有足夠的「健康的焦慮」。你或許還是該把皮繃緊一點。

另外，「JINS MEME」之父、東北大學的川島隆太教授，他和 JINS 團隊一開始進行腦力激盪的時候，曾說過一句令人豁然開朗的經典名言：

「我們戴著眼鏡的時間，只比穿著內褲的時間短。」

這句話在之後就流傳開來，演變成「因為內褲每天都會換，所以眼鏡搞不好是最能了解使用者的東西，這可能是它最強大的地方」。

這就是一個有代表性的「重新定義」事件。

這也是將眼鏡限定於「視力矯正功能」的製造商和銷售商，完全無法注意到的一種眼鏡的新價值。

那些不知道會發生什麼事的「相遇時刻」，將帶給你重新定義的機會，埋下創新的種子。

如果你將「重新定義」做為每天的例行事務，就能誕生出下一個新的「理所當然」。

相信它並持續前進，即使成功了，也要繼續「重新定義」。我可以信心滿滿地告訴你，這就是將你的工作變成讓你沉浸其中的事物的方式。

首先，就從踏出第一步開始吧。

「Live Your Life」

終於到了本章的最後。

在此將介紹「最高等級的沉浸式生活方式」的根源。

到目前為止，我們已經討論了關於如何沉浸於工作的重要事項。

我與禪宗僧侶、腦神經科學、醫療保健研究人員進行了廣泛的對話，透過 JINS MEME 進行對專注力的量測，並且考察「能從根本上達到專注的類型的人」擁有什麼樣的性質。

做為最終結果，我得出了**「Live Your Life（專注於自己的人生）」**這句話。

這是一個比工作技巧、正念冥想等等更重要的人生態度。

在介紹其背景的同時，讓我為你介紹最後幾項技巧。

技巧41

意識到人生的「5萬小時」

首先，我們從「專注」的觀點出發。

想必有很多人聽過「1萬小時定律」。在任何一個領域，如果你專注在上面的總時間達到「1萬小時」，你就可以成為該領域的專業人士。

發表相關論文的心理學家安德斯・艾瑞克森（Anders Ericsson），除了一萬小時定律外，也曾說過：「一個人每天只能創造大約四小時的專注狀態。」

按他所說，你每個月可以專注「100小時」，每年可以專注「1千小時」。假設你活到一百歲，其中能沉浸於工作的時間是五十年，**可以專注的時間總量就只有「5萬小時」**。

換句話說，無論你把自己的人生管理得多好，你也只能掌握「五件事」。

你對此有什麼感想呢？

你眼前的這些工作，**是你願意花費五分之一的人生去做的事情嗎？**

請以此為契機思考一下。

如果你對此抱持疑慮，絕對無法持續達到專注。如果一直維持這樣的狀態，到頭來你可能也無法擁有美好的人生。

我們也在思考提供讓個人在生活中能夠達到「專注」和「沉浸」的服務。

那就是絕對不做非自願的工作，找到願意花費五分之一的人生去做的事，然後致力於那件事。

換句話說，重點在於讓自己打從心底接受，並釐清自己「為什麼要做這件事？」

這和讓我們有此契機的「某件事」密切相關，我們將在下一個技巧中介紹。

技巧42 從「如實知自心」開始

到目前為止，我已經講述許多關於專注的內容。反過來說，什麼樣的人「永遠都無法達到專注」呢？

讓我說個 JINS 在公司內部創立第一間 Think Lab 時的故事。

我們開創此事業的理念是要「在東京打造一個高野山」。

為此，我們整個團隊實際前往高野山進行了集訓。

那時，高野山高組院的飛鷹全法住持教會了我一句話。

那就是**「如實知自心」**。

清楚了解自己的內心很重要。無法做到這點的人，就無法全身心投入到任何事情上。

換句話說，講不出「自己想做什麼」的人無法達到專注。

如實知悉自己的內心，就是能全心全意投入某件事、沉浸其中的最低限度先決條件。

一個總是被動地讓他人替自己決定的人，不可能擁有爆發性的推進力。

雖說，並不是所有的人都能那麼積極主動，有些人更重視工作與生活的平衡，也有人認為由別人先做好決定很重要。

但即使是這種情況，我們也應該在內心咀嚼人們給予自己的東西和想法，並透過自己的詮釋，將它們轉變為你想做這件事的理由。

我認為，**即使是被動的人，只要保有這個了解內心的過程，就能確保自己的主動性。**

有時我會聽到管理者說出「老闆想這樣做，我也沒辦法」之類的推託之詞，我們應該極力避免用這樣的說法，來做為一件事情的開端。

你應該用自己的話，來說出讓自己和自己的團隊動起來的理由。面臨這種情況的時候，我希望你每次都能想起「如實知自心」這句話。

換句話說，在招聘面試等自我分析方面，「如實知自心」代表去思考「Will」（你想做什麼）、「Can」（你能做什麼）和「Must」（你必須做什麼）。一個能肯定講出「Will」的人，就能專注於眼前的「Must」；而缺乏這些思考的人，就永遠無法專心致志。

特別是在接下來的時代，唯有透過「Will」提出問題的能力，才能創造新的價值。那些稱得上「Can」的技能正在迅速過時；「Must」的解決問題能力在未來可以交給ＡＩ處理。

請務必「如實知自心」這句話，來當作你思考的契機。

技巧43 養成工作以外的「特殊技能」

到目前為止，我已經根據很多人的見解描述了自己的思維方式。

不過，我自己也還有很長的路要走。

到最後，很多事情我都是光憑理智去理解，這是我自己的課題。但在這裡，我想為你介紹一下許多成功人士提過的思維方式。

在工作方面，有「ricework」（討口飯吃）（譯註：此為和製英語）和「lifework」（畢生志業）兩種表達方式。

經歷「討口飯吃」後，能找到「畢生志業」的人，往往存在某個共同點。

那就是**在工作以外的領域有自己的「興趣」，並將其發展到「特殊技能」的水準。**

大多數的成功人士，在與人聚會交流的時候，必定會談到「畢生事業」和「特殊技能」兩方面的話題。

例如有人說，他發現不管是「本業VS麻將」還是「本業VS釣魚」，如果將兩方面的經驗抽象化並做為類比，則兩者可以相互補強。

雖然他從理論上，告訴了我在特定領域擁有特殊技能的功能性，不過我自己是還沒有類似經驗（不過在寫本書的時候，我想起了高中時想成為小說家的夢想，也許我應該讓自己的寫作技能進化到特殊技能的水準。）

一直以來，我一直堅持「只做自己想做的事」的主張；但「想做的事」這句話說起來容易，做起來卻相當困難。

在許多情況下，你投注心力的事物、你喜歡的事物，兩者往往是不一樣的。

就算你想為了達到「目的」做點什麼，那些用來當作「手段」的日常作業往往令人感到相當苦惱。

我有位朋友非常喜歡音樂，所以他進了一家唱片公司工作。

雖然他可以做自己最喜歡的音樂家的幕後工作，但卻總是被那些實務壓垮，老是抱怨「這些事情不適合我」。

即使你喜歡那個「目的」，但如果「手段」不太適合你，那你也會很辛苦。

尤其是在職業生涯早期，「手段」往往不是我們自己能決定的，我想有許多人都曾為這種落差所苦。

選擇工作時，考量「目的」很重要，但模擬實際上工作一週會是什麼樣的情況也很重要。

順帶一提，我在招聘面試時，會好好確認這一週的模擬和實際情況沒有落差。

至此，我已經為你介紹如何實現「Live Your Life」（專注於自己的人生）的思維方式。

雖然「人生」聽起來像是一個很大的議題，但為了讓自己沉浸於眼前的事物，從這裡開始思考會是一條捷徑。

如果你已經好好讀過這本書，相信你一定能夠理解。

最終章

「不受場所拘束的工作方式」能發揮的效果

留在實體工作場合的最後要素

到目前為止，這本書以專注和沉浸為主題，討論了個人的工作方式。

在最後一章中，我想從實際參與「第三空間」業務的立場，更詳細地說明「工作場所的功能」。

我向許多供應商及人事行政人員請教，為你介紹所有設想得到的功能。

有的讀者可能會認為這與個人的工作方式無關；但是對於那些正在思考辦公室的未來和工作方式框架的人，例如工作上涉及總務和經營管理的人而言，這會是一個很好的補充。

用工作方式選擇工作地點

以疫情為起點，辦公室成了「特地前往的場所」。那麼，辦公室裡有哪些「該留下的東西，或是待強化的功能呢」？

事實上在疫情之前，辦公室裡看似無用的東西似乎愈來愈多。原因有千百種：有時當作傳達企業形象的媒介、有時是當作放鬆的場所，有時用來發揮激勵員工動力和靈感的作用，試圖達到多功能的效果。

最近，有人開始提倡「ABW（Activity Based Working）＝基於活動的工作」的想法。這是一種根據工作內容選擇合適地點的工作方式。導入ABW的辦公室裡沒有固定座位，大家可以自由移動到適合當時工作類型的座位。

我要講的不只有現在正流行的「自由座」（free address）。只要打造多個具備不同專門功能的空間，並以共享方式利用，就能隨時隨地為你眼前的工作提供最佳的活動。

如左圖所示，我們將辦公室內的必要活動一一分類，並為每個活動提供一個專門的場所。

順帶一提，這是一家荷蘭工作風格諮詢公司的提案，思考了**「10項活動」**。

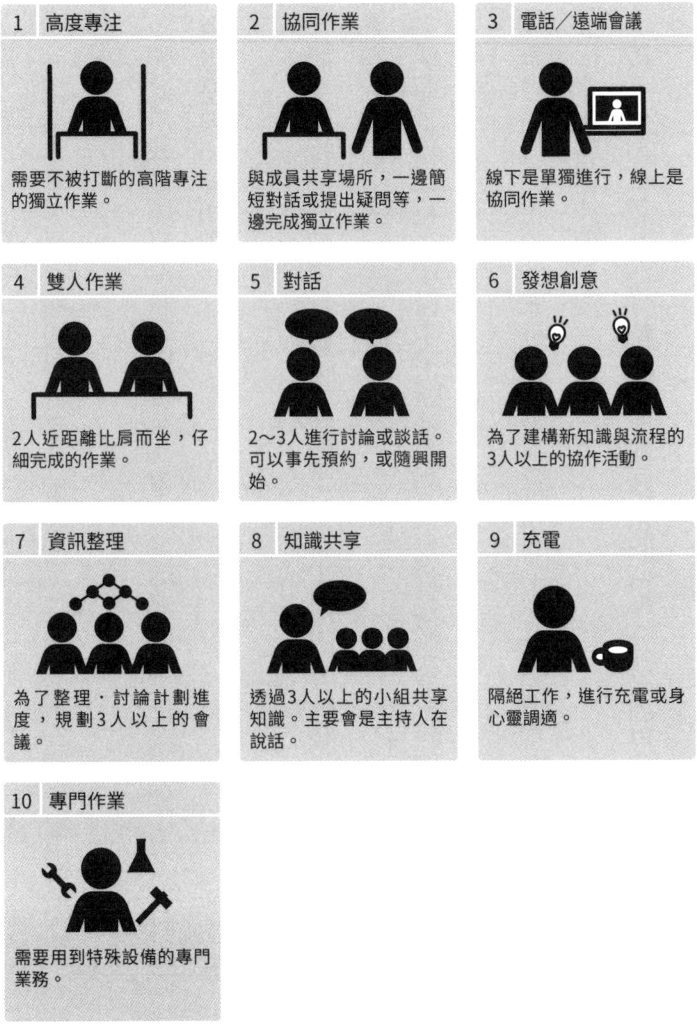

「10項活動」是根據荷蘭工作風格諮詢公司VELDHOEN+COMPANY的研究所提出的思考方式。
©2018 VELDHOEN＋COMPANY All Right Reserved.

在本書的第二章中，我們大致將工作劃分為「獨立作業」和「協同作業」；但嚴格來說，「協同作業」是「與成員共享一個場所，一邊簡短對話或提出疑問等，一邊完成獨立作業」。

因此，我們還可以將其細分為「電話・遠端會議」「雙人作業」「對話」「創意發想」「資訊整理」「知識共享」等等。

而早在疫情之前，針對工作空間，就有人提出應該建立多個具備專門功能的場所，以提升空間的價值。

然而，正如我在本書中不斷強調的，我認為辦公室的功能將會「減少」。

本書一貫的主張，就是大多數上班族的工作，應預想以居家遠距工作為中心，並以此為前提掌握各種技巧。

接下來，我想為你介紹的是三種典型的「辦公室保留功能」。

保留功能1

「不期而遇」

自從居家上班的情況增加，許多人表示每次一看行事曆，就發現一整天8個小時都要遠端開會。

如前所述，這使「聊天」變得困難。

這裡的聊天，指的是指吸收意見的**「由下而上（Bottom-Up）的對話」**，不同於有計劃的會議。

如果是會議，就會有議程和目標設定，我們會據此來進行計劃。

與此相對的就是「聊天」。其概念是在不設定目標，當然也沒有設定議程的情況下進行對話，用以「產生發散的創意」。

在前面也提及，在過去常是由應酬和吸菸區來發揮相關作用。

當然，「創造最佳聊天場所」的概念應該是有效的。

我聽聞有許多公司正在朝這個方向改造辦公室。

但我也想知道，「把聊天場所帶到公司裡」是真的能發揮效果嗎？

舉例而言，聊天大多是「與另一半、家人或朋友談話」。

你可以先回憶一下這些聊天的記憶，**其中聊天的場所會是固定的嗎？**

有的人可能每次都在同一家店裡聚會；但大多數情況下，在各種不同的環境中交談比較能增進聊天的價值。

考慮到這一點，就產生了一個問題：辦公室是否應該擁有「第三場所」的功能？

如同我在第二章所提到，我已經習慣了遠端「諮詢」和「一對一」。我最近也會在獨自散步的途中，關心一下團隊成員「最近還好嗎？」之類。

隨著遠端素養的增加，我覺得即使自己身處遠端也毫無問題。不僅如此，我甚至感覺到，遠端聊天比在現實生活中聊天更容易。

在這種情況下，是否真有必要在辦公室打造一個聊天場所，是一個惱人的問題。大家可能會對此抱持不同意見。

不過如果是遠端聊天，顯然難以實現某件事情——**那就是「不期而遇」，也就是和自**

內容＼對方	自己決定的對象	不期而遇的對象
面談	◎ 可以透過遠端	NA 理論上無法做到
聊天	○ 提升遠端素養就有可能	× 問題在於此處

己預想之外的人對話。

要讓話題內容變得隨機，只要事先訂好規則就能實現；唯有讓說話對象變得隨機，是絕對做不到的事。以左圖來說明的話，就是右下方的部分。

如果您嘗試透過面談或聊天來驗證自己的假設，其中會隱藏著一個大問題。

那就是**你會傾向選擇與自己相似，或處於同溫層的對象**。

即使你想跟他聊天，你也會根據「如果跟這個人說話，話題就不會變得太過嚴肅」的感覺來選擇對方。

如果你和這樣的人說話，你們的對話通常會變得四平八穩；即使你表現得很差，沒有這樣的對話你還是可以如常生活。

在真實的職場中，如果你不太喜歡的同事問你「最近好嗎？」你可能就會談到自己正在處理的工作，然後獲得**「批判性的回饋」**。

遠距工作大大減少了這種體驗。如果你只和自己親近的人交談，就會只能從非常狹隘的角度思考事情。

雖說如此，**我們很難透過遠端的方式，和那些自己不喜歡的對象或會批評自己的人積極打交道。**

這就是我之所以認為有必要設計一個真實場所來誘發這種「不期而遇」，以獲得「批判性的回饋」。

這些事情也很難在 WeWork 等共同工作空間中發生。

原因在於：沒有任何人會特地花費心思，向別間公司的人提供批判性建議。

所謂的「批判性回饋」，就是對彼此加諸那些對個人來說有壓力的事。而這正是人們在同一間公司一起工作的實質意義。

而這個功能，正是辦公室一直以來都該具備的功能。

保留功能2

「見習」

第二個就是「見習」的功能，日文叫做「見取稽古」（mitori-geiko）。

你可能對這個詞很陌生，但這是常見於劍道或柔道中的一個詞彙，意思是**「讓初學者觀看進階者的練習」**。

在所謂的「守・破・離」三階段成長流程的最初，有一個逐漸心領神會前人積累招式的階段。

在這裡要做的，就是去看到和感受到進階者的動作。

我向一位劍道學習者請教，他表示雖然是用「看到」（見）這個詞，但指的不僅僅是視覺資訊。

不是光用眼睛看，**而是要使用你的所有五感，例如從聲音和皮膚去感覺。否則，就稱不上是完整的「見習」**。

這個概念也可以套用到我們的工作上。

愈是難以熟練的技能，就愈難以透過遠端方式、光靠視覺和聽覺訊息來掌握。

以這點為前提，讓我說一個小故事。

知名社會活動家海倫・凱勒（Helen Keller）從小就有視力和聽力障礙，但能夠敏銳地讀取人們的情緒。

她的身邊，總是有位蘇利文老師和她一起行動；但據說海倫・凱勒注意到了老師自己從未注意過的「緊張」等生理和心理狀態的變化。

這不是像第六感那種靈性層面的東西，而是從身邊所感受到的「肌肉僵硬」等現象來讀取。

而在冥想中，也有一種稱為「身體掃描」（Body Scan）的練習。

這是一種專注於自己身體感官的冥想，但訓練裡所說的與前面的故事相似。

比起可以用言語表達的情緒，身體會先透過僵硬等現象來表達「情緒」，只要加以訓練，你就可以留意到它。

確實，事後回顧那些令人緊張的場面，有時會我被告知「你現在呼吸很急促」，或是在不知不覺中拉緊自己脖子、肩膀僵硬等等。

綜上所述，遠端的困難點在於**「讀取對方生理和心理狀態的變化」**。

特別是對於正在發展中的年輕一代，他們可能會面臨「無法學到工作中所做所為的前後脈絡」等問題。

當我還是一名顧問時，我會學前輩打電話的方式、聽我旁邊同期同事執行專案的片段對話等等，從各種角度去學習。

為了能感受這些事，也有人告誡我「在公司不要一邊戴著耳機一邊工作」。

如果全都採取遠距工作，可能會阻礙對動作等「無法用言語表達的事物」的輸入，難以達到促進成長的效果。

我們有必要等待技術進化，打造一種在遠距工作中也能傳達前後脈絡的機制。

或者，對於那些尚在工作學習階段的年輕員工，他們更需要有效利用處於真實職場中的時間。我認為這些功能將保留在辦公室中。

保留功能3
「教會型裝置」

最後要介紹的功能，就是做為「教會型裝置」的功能。

截至二〇二一年一月為止，我所屬的JINS公司在日本全國擁有超過400家店面，包括國外據點在內的零售店面合計超過550家。

做為零售商，我們必須站在為客戶服務的立場——即使在那些無形的地方，我們也需要抱持共識。

因此一直以來，我們每半年或每季都會舉辦一次「誓師大會」，讓來自全國各地的店長們齊聚一堂，為共同目標奮鬥。

正如第三章所說，從事副業和兼職的情況會持續增加，從正式員工到外包人員，企業和個人之間的界限都將變得模糊。大家如果無法共享**「無形的願景或使命」**，工作就會失去意義。

因此，我認為在未來，辦公室做為有形存在的「裝置」，讓人們共享無形事物的意義將會更強烈。

這正是我將其稱為「教會型裝置」的原因。

我本身就跟大多數的日本人一樣，沒有特別抱持什麼宗教立場。但為了共享那些無形的東西，人類在教堂、清真寺、寺廟等空間的設計上付出了相當巨大的努力，這點可以預想。

同樣的道理，我們也需要為每間公司妥善定義用以「相信並共享無形事物」的功能，將其透過空間表現出來。

藉由這樣的空間，每週一次或每個月幾次，讓每個人都能認清都自己隸屬於該組織的「意義」和「想達成的目標」——裝置的這點作用很重要。

能夠在這方面做好準備的公司，就能挖掘出個人的潛力；個人也能在工作的時候，從公司那裡獲得更高的回饋，這可以說是雙贏。

如前所述，「不期而遇」「見習」和「教會型裝置」將會是保留於辦公室的三項功能。反過來說，如果辦公室無法滿足這些要素，則應考慮重新整頓它的功能。在未來的辦公室設計和工作風格選擇中，希望以上內容可以做為你的參考。

辦公室分散化的「2大階段」

在未來，辦公室的功能將變得分散化。

放眼東京，諸多新創企業正在取消實體辦公室；以谷歌、蘋果、臉書及亞馬遜為中心，許多大公司也完全允許居家上班，推動了將「一般業務的基礎設施」轉移到第一空間的趨勢。

並非所有公司都是以同樣速度前進，但腳步比較輕快的公司已經開始嘗試以居家上班為主，改變「辦公室的存在意義」。

當這種情況實際發生時，一間典型的公司將會進入以下兩個階段：

- **當前租約期內的過渡期**
- **從下一個租約開始的優化期**

辦公大樓的平均租期為「三到五年」。首先，在租約期內會有一個過渡期。到了那個時候，我們會不得不面對下一份租約該怎麼做、如何調整到最佳工作方式等問題。

在撰寫本書時，我預想未來三到五年的過渡期會是在「與疫情共存的時代」，之後的優化期則會轉向「後疫情時代」。

以這一點為考量，成本將如左圖所示。

在與疫情共存的時代，成本的增加會是一個很大的隱憂。有八成產業的主要事業的營收將有所減少，但剩餘租期內的辦公室租金和設備折舊仍然存在。

此外，在以各種方式降低成本的同時，公司還需要忙著處理：

- **外部工作空間的使用成本（第三空間）**
- **防疫措施和支援遠距工作的辦公室投資**
- **居家辦公的津貼……等等**

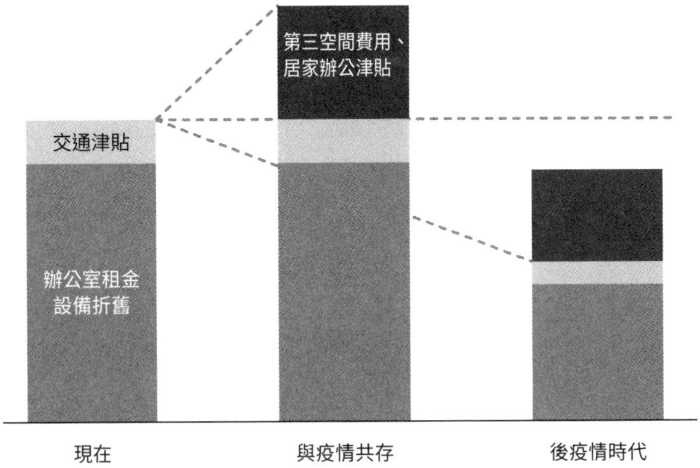

到了後疫情時代，我們的目標將會是在降低整體成本的情況下，轉換為積極進取的工作方式。

以下將為你說明達成此目標應抱持的觀點，並交叉解說我擅長的硬體方面的理想狀態。

從「擁有」到「使用」

「共享經濟」在疫情前就已經發展，支撐工作模式的環境「擁有權」和「使用權」之間的關係也發生了變化。

在日本已經出現大公司向第三方開放自有工作空間的運動，例如日本雅虎的「Lodge」辦公空間。這正是為了「探索知識，帶來創新」，在第146頁也有提及。

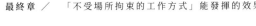

此外，如果是無法在公司內部單打獨鬥完成的工作，為了促進專案順利進行，讓合作單位常駐於公司的業務型態也持續增加。

對於 WeWork 等共享工作空間的使用需求，也在逐漸擴大。

在疫情之前，以創新為目的的「從擁有到使用的流動」便已經在進行。

當前會遇上的最大困難點，就是「防疫措施」。

例如，做為共享經濟典範的「共享單車」，由於存在傳播病毒的可能性，被大家敬而遠之，目前看起來處境艱難。

疫情當前，大家對於共享那些人人摸得到的東西有所抗拒，因此共享經濟的發展風向，暫時吹向了 B2C 世界。

在這種情況下，還得納入「管理得當」這個條件。

因此，讓我們來看看「辦公室共享經濟」這個主題究竟還有沒有發展空間。

這裡引用一個剛開始發展的共享汽車的故事。

Uber 的某位資料科學家表示，「世界上有很多汽車每週開不到一次。只要透過共享汽車，讓全世界所有汽車的實際運轉率都最大化，我們真正需要的汽車將會降到目前的『3%』。」

根據其他顧問公司的報告，這個數字會落在「10%的範圍內」。

結果因計算方式而異，但我們可以肯定地說：透過共享，**將消除世界上大多數汽車的需求。**

有8成的辦公室「沒必要存在」

如同對汽車的需求，讓我們看看自己有多不需要辦公室吧。

根據Think Lab對東京辦公室實際運轉率的估計結果，約有78%的辦公室「沒必要存在[註26]」。

為了讓你更容易想像，左圖顯示了我們不需要辦公室和汽車的程度。

在這裡，我想表達的是：**如果能透過錯開工作時間提高實際運轉率，我們其實不需要那麼多辦公室。**

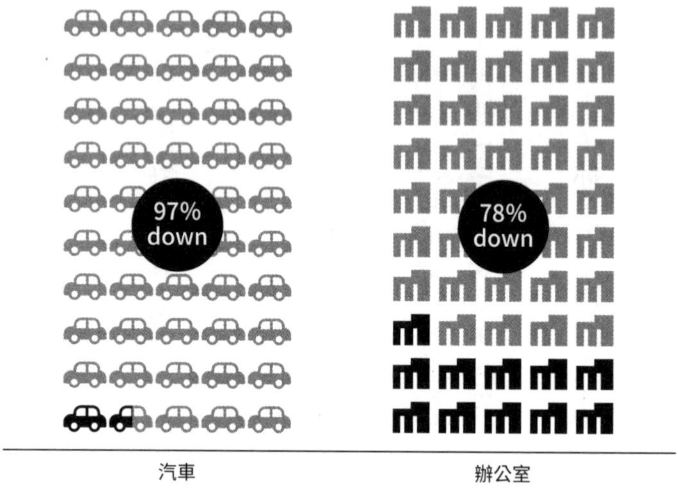

尤其是在東京，大家會在早上的通勤尖峰時間一窩蜂進到公司，感覺就像是被迫擠在狹小的辦公室裡工作。

這次疫情的時機，將成為一口氣改變工作方式的機會。

今後，我們必須慎選辦公室的功能，推動去蕪存菁的管理。

那麼，基於這個前提，我們應該推動什麼樣的場所從「擁有」轉變為「使用」呢？

這個結論帶出了最終章的主題：「第三空間」。

這裡要考量的是**「使用頻率」**。

公司費心準備大型會議廳、員工餐廳等使用頻率有限的設施的時代已經結束。使用頻率愈低的東西，就愈應該推動共享，將其轉移到「第三空間」。

對「非日常」的需求不會消失

這句話你可能已經聽到耳朵長繭了：包括辦公室在內，所有「家」（第一空間）之外的場所，都是「需要特地前往的地方」。

人們到那些需要特地前往的地方，正是為了追求「非日常」。

可以說，我們是在尋找一個「劇場化的場所」。

如同序章中所提到，如果你已經把自家改造成70分的多功能空間，第三空間就應該要提供更專業的東西。

舉例而言，如果你只是想聽音樂，那你不必去買CD，透過訂閱服務在家聽到飽就很足夠了。然而，如果光是這樣無法讓你滿足，你就應該去觀賞音樂家的現場表演。

在零售的世界，我們需要真正的商店來扮演展示間（showroom）的角色。

打造劇場化的真實環境、讓人們會想特地前往的需求不斷增長，空間所扮演的角色正在朝這樣的方向轉換。

我們對第三空間的要求，除了**「實際運轉率低」**，還需要**「能夠體驗到『非日常』」**。

「集訓」就是一個典型的象徵

在 Think Lab 裡，自開業以來從沒少過「為了讓成員專心擬定商業計劃書、發想商業點子，而花上整天時間集訓的團隊」。

即使都在東京，也有許多團隊為了感受這種「非日常」，使用 Think Lab 超過 8 個小時甚至更久。

此外，像 WeWork 這樣的第三空間，本來就需要具備劇場的角色，讓平日不會在外面相遇的不同人們相互交流。在未來，對這種劇場的需求還會逐漸攀升。

而在疫情之前，就有許多人會為了轉換心情，改到咖啡廳等場所工作。

我訪談了這些人之後，發現了以下傾向：

・基於「我想透過距離感維持和在公司時差不多的熱度，儘可能認真工作」的自律需求

・基於「我想稍微遠離公司，在冷靜的情況下獨自整理思緒」的放鬆需求

這兩者的需求都在於**「轉換心情」**，也正是我們 Think Lab 想提供的價值所在。

高度連結和低度連結

在後疫情時代，我們將會需要多的第三空間。

原因在於，「在家沒辦法好好工作，所以來一下公司」「偶爾去一下公司，結果一堆人來找」的情況，在未來會更頻繁出現。

在這種情況下，人們會想追求在家之外「能夠一個人平靜工作的地方」。

今後，公司應該提供給員工的「非日常」，可以分為**「高度連結的劇場」（WeWork 等共同工作空間）和「低度連結的都市山居」（Think Lab 等工作空間）**。

所謂的「都市山居」，就是即使設立在都市裡，也能讓人想起山中茶堂的空間。

換句話說，它是存在於城市喧囂中的「靜心之所」。這也是 Think Lab 所追求的世界觀。

如果試圖讓辦公室「擁有」這兩種非日常場所，會很難增加實際運轉率。

然而，我們也很難在家中自行打造這樣的場所。

不過，只要能實際「使用」這樣的地方，不但有益心理健康，如果由公司來推薦給員工使用，也會很有吸引力。

如果由做為第二空間的公司來擁有這些場所，效率變得會很差；要個人在做為第一空間的自家中打造這些場所，也很不切實際——這正是第三空間之所以存在的原因。

因此，我認為利用這些環境，既能成為留住人才的方式，也能鞏固心理健康。

為了激發創造力、改善心理健康，勢必需要一個**「能讓人『做回自己』，時而激盪火花、時而擁有餘裕的環境」**。

這是可以透過「第三空間」實現的解決方案，也是我要給你的提議。

最後，讓我們總結一下前面提到的內容吧。

從應該將「擁有」轉變為「使用」、利用「第三空間」的觀點來看，重點在於「實際運轉率低」的「非日常體驗」。

具體的例子包括「集訓」「高度連結劇場」和「低度連結都市山居」。

基於此結論，Think Lab 也將致力於創造一個目前特別缺乏的「都市山居」。

對於正在考慮辦公室的未來和工作模式大方向的人，希望本書能夠成為你的參考。讓我們一起努力，賦予個人「能讓人『做回自己』，時而激盪火花、時而擁有餘裕的環境」吧。

後記　為上班族謳歌

「井上先生很幸福呢，可以用公司的錢做自己想做的事；但如果你沒有這樣邊玩邊做，想必沒辦法做出這番大事業吧，這點很重要。」

這是我的上司，JINS的田中社長所說的話。

沒錯，我本人正在認真以「上班族」的身分發揮槓桿效用，充分利用公司的結構來做自己想做的事情。

正如我在本書中所寫到，日本企業的保留盈餘規模達到500兆日圓，雖然多得是「金融資本．情報資本．物力資本」，「人力資本」卻是壓倒性不足。

對於那些其視為機會的人來說，這始終是一個「賣方市場」。

對此，我們在第三章介紹了「內部創業家（Intrepreneur）」一詞。不過，即使不用這麼正式的詞彙，一旦你說「讓我們為上班族謳歌吧」，每個人都會把這句話套用在自己身上。

如果你認為自己所在的組織無法讓你發揮全部潛力，你可以毫不猶豫地離開。從這層意義而言，我認為「上班族」的身分最適合在有限的責任下，真正專注於有趣的事情。

如果是自行創業，無論好壞都得留意現金流，也得背負更多責任；要擺脫桎梏發揮自己的能力，其實比想像中難很多。

就這點而言，能夠從一部分的責任中解放、積極熱情地工作，我想這正是「上班族」才有的特權。

這裡重要的是，在不必承擔某些責任的情況下，「你打算做些什麼？」

以下引用一句石川善樹先生與我的對話：

「活在變革時代的現代領導者，需要具備『自私的責任感』『強烈的自我意識』與『幽默感』。」

我認為事實正如他所述。

為了在人生中繼續秉持這三項原則，有必要從許多「其他責任」中解脫出來。

因此，我認為有必要為上班族謳歌，而且這樣做也很有效果。

「為上班族謳歌，是最能享受樂趣的生活方式。」

如果能讓讀者有這樣的認知，公司裡的內部創業家就會增加，有助於國家蓬勃發展。

這是最好的一條捷徑，我如此深信著。

二〇二〇年年初，由於新冠疫情造成的影響，帶來「我們為何工作」和「我們該做什麼」的自由度上升的時機；我也在此時開始撰寫相關文章，成為本書的起點。

這是因為，我以為自己會聽到下面這樣的話：

「現在這些改變，到疫情趨緩之後就會恢復原狀了。因為日本人就是這樣嘛。」

俗話說：「好了傷疤忘了疼。」當疫苗和特效藥研發完成後，人們就會慢慢淡忘對病毒的恐懼。

但是，你忘得了在這幾個月工作中早已熟悉的「方便」和「發現到的浪費」嗎？

在本書中，我思考在改變過程中「該留下什麼」和「不留下什麼」，並以此為中心撰寫內容。

在寫作的時候，我的腦海裡總有一個念頭，「這可能只是因為我在疫情之前就得知這些事，但其他個人或公司，可能根本沒有改變的契機……」

我經常透過 JINS MEME 和 Think Lab，獲邀到人資科技（HR Tech）或工作改革相關會議上發表；但對我來說，我並沒有感覺到這些活動「終於要結束了……」。

內閣府和總務省先前也力推「常態遠距辦公」。以原訂於二〇二〇年舉行的東奧和帕奧為契機，他們迫切地想大幅減少擁擠的通勤電車數量。

不管是遠距工作、減少無效的會議，或是對第三場所的訴求，其實都是我們一直以來都在追求的事情。

看完本書後，我希望你絕對不要忘了這一點：

「我們在疫情之前所描繪的未來，現在終於到來了。而且，它將會以迅雷不及掩耳的速度持續發展。」

正因如此，我們不該倒退回疫情之前，而該積極地繼續前進，別讓前浪死在沙灘上。

對於個人和組織應該如何應對，以及如何贏回自己的專注力，我想你已經從本書中學到答案。

最後老王賣瓜一下：JINS目前也致力於開發、銷售能提升專注力的產品。我們Think Lab打造了一個名為「Think Lab HOME」的ＤＩＹ辦公隔間，可以幫助人們居家工作。

此外，我們打造了「Think Lab銀座・汐留」，也有信心它會是擁有最頂級環境的第三空間。在緊急事態宣言解除之後，歡迎大家前來體驗。之後的動態，也歡迎大家密切關注。

在個「工作自由度壓倒性提升」的過渡時期，唯有能愛自己所擇的人，才能真正擁有幸福。

享受選擇的權利，選擇你所愛的生活方式吧。

希望你能專注於自己的人生。

Live Your Life.

二〇二〇四月

井上一鷹

註解

註 1

「JINS MEME」是一種眼鏡型智慧裝置。其實現了與一般眼鏡相同的設計，讓使用者能夠在日常生活中佩戴一整天；同時搭載可捕捉眼球運動的感測器，以及捕捉姿勢的感測器。

註 2

CVC 是「Corporate Venture Capital」（企業創投）的首字母縮寫，為一般企業透過投資活動與新創企業合作的方式之一。

註 3

所謂「會員型雇用」（即年功序列），指的是一次性聘用應屆畢業生，員工隸屬公司後的工作內容和職涯規劃，基本上由公司決定的雇用型態。

註 4

Newspicks〈Weekly OCHIAI【落合陽一】思考疫情落差與教育（暫譯）（コロナ格差と教育を考える）〉（2020 年 4 月 29 日）

註 5

〈人類大腦的訊號不是只有 0 跟 1。只要認識大腦潛能，就能看見超越奇點的世界（暫譯）（人間の脳の信号はゼロイチではない。脳の可能性を知ればシンギュラリティを超えた世界が見えてくる）〉（DAncing Einstein CEO 青砥瑞人）2019 年 1 月 22 日（http://www.futuresociety22.org/blog/aoto）

註 6

Newspicks〈現在正是擬定「充實人生」戰略的契機（暫譯）（【新】今こそ「充実した人生」のための戦略を練るチャンスだ）〉（石川善樹）2020 年 4 月 24 日（https://newspicks.com/news/4845373/）

註 7

維基百科「Third place」詞條。

註 8

取自 Quod 飯塚先生的資料。Source: Demographic Yearbook(UNSD), Labour Force Survey(ILO, ONS UK, Statistics Norway), Labour Force Statistics(CPS US), 勞動力調查（總務省）

專業人員：美國以外：研究人員、技術人員、醫師、金融・法律人員、教職員、設計師、藝術家等（基於 ISCO 的分類）。美國：基於 NAICS（北美行業分類系統），調查符合上述要求的從業者人數。

註 9

透過以下條件試算。
假設某人隸屬於擁有東京都 23 區超過 200 坪辦公室的公司，每坪租金為 24235 日圓。假設每人使用 2 坪，1 人份的租金為 48470 日圓。假設折舊、水電費、清潔費等合計為租金的 1.3 倍左右，每人空間成本為 63011 日圓。綜上所述，可得出單純用於空間的經費達到每月 6 萬日圓以上。

註 10

Keilhauer「Junior 8562 可調節扶手椅」
（http://www.keilhauer.jp/general/junior.html）

註 11

Ayur Chair（https://www.ayur-chair.com/）

註 12

矮桌用坐墊「佛壇屋 滝田商店 座禪布團（座布） 綿 1 尺（直徑 30cm）」
（https://www.amazon.co.jp/dp/B004AOM8IY）

註 13

瑜珈球「Trideer 瑜珈球（附固定球座）」
（https://www.amazon.co.jp/gp/product/B07T5SW4QL/）

註 14

「FREED ESK 升降桌」
（https://www.eoct.co.jp/news/infomation/post-1135/）

註 15

「MOFT Z」（https://www.makuake.com/project/moft_z/）

註 16

取自平成 30 年度經濟產業省數位平臺構築事業（工作生活變革模式事業調查）（https://www.meti.go.jp/meti_lib/report/H30FY/000196.pdf）

註 17

《現在，頂尖商學院教授都在想什麼？：你不知道的管理學現況與真相》（入山章榮，中文版：經濟新潮社）

註 18

Newspicks〈我從超速「4000 人遠距工作」掌握的秘訣（暫譯）（【GMO 熊谷】僕が、超速「4000 人リモート化」で掴んだ秘訣）〉2020 年 3 月 10 日（https://newspicks.com/news/4704548/）

註 19

OKAMURA〈後疫情時代的工作空間策略 因疫情衝擊而改變的工作方式和場所〉（暫譯）（アフターコロナにむけた ワークプレイス戦略　コロナショックが変える 働き方と働く場）（https://www.okamura.co.jp/solutions/office/after_covid-19/pdf/Workplace-Strategytoward-After-COVID19-Okamura.pdf）

註 20

Business Insider〈Mercari 和 Wantedly 不贊成遠距工作的理由（暫譯）（メルカリ、ウォンテッドリーがあえてテレワークを推奨しない理由）》2018 年 7 月 24 日（https://www.businessinsider.jp/post-171734）

註 21

取自平成 30 年度經濟產業省數位平臺構築事業（工作生活變革模式事業調查）（https://www.meti.go.jp/meti_lib/report/H30FY/000196.pdf）

註 22

Human Relations Volume 23 Number 1 pp61-76 Mark Cook “Experiments on Orientation and Proxemics”（人際關係相關論文）

註 23

根據財務省《法人企業統計調查》，2018 年日本企業的保留盈餘為 458 萬億日元。截至 1990 年，約為 100 萬億日元。補充說明，「保留盈餘」是營業收入扣除各種損益和繳納稅款後剩下的淨收入。

註 24

《給予：華頓商學院最啟發人心的一堂課》
（亞當 · 格蘭特，中文版：平安文化）

註 25

北緯尾孝日記〈抱著一個「憤」字（暫譯）（「憤」の一字を抱く）〉2015 年 6 月 26 日
（http://www.sbi-com.jp/kitao_diary/archives/2015062610196.htmlfbclid=IwAR0H7dADisoGVgR9Z5EYBwsj6_zdy6PS7Z3T7x5qh5taar_rKz5kv5P4wT4）

註 26

試算實現辦公室共享經濟時的估計樓層面積減少率（以東京為例）。
2015 年東京辦公室樓層面積為 9236 萬平方公尺（http://www.mitsuifudosan.co.jp/english/realestate_statics/download/fudousantoukei_2018_3_1.pdf）。
2015 年東京上班族人數約為 350 萬（http://www.tmri.co.jp/report_2/pdf/2016special01.pdf）。以每人所需面積為「10 平方公尺」（https://designers-office.jp/column/page/index.php?id=193）試算。
必要樓層面積為「350 萬人 ×10 平方公尺 ×7 小時」（實際樓層使用時間）÷12 小時（大樓實際運轉時間）= 約 2041 平方公尺」。
由上可得出，實現共享經濟後的必要辦公樓層面積比例為「2041 萬平方公尺 ÷9236 萬平方公尺 ×100%= 約 22%」。
換句話說，剩餘 78% 都是非必要的辦公室樓層面積。

找回深度專注力

43 個科學化技巧，使你 1 小時的價值，高過他人 1 萬倍

深い集中を取り戻せ

作　　者　井上一鷹
譯　　者　汫　玲
執行編輯　顏妤安
行銷企劃　劉妍伶
封面設計　陳文德
版面構成　呂明蓁
發 行 人　王榮文
出版發行　遠流出版事業股份有限公司
地　　址　臺北市中山北路一段 1 段 11 號 13 樓
客服電話　02-2571-0297
傳　　真　02-2571-0197
郵　　撥　0189456-1
著作權顧問　蕭雄淋律師

2022 年 8 月 31 日　初版一刷
定價　新台幣 360 元

有著作權 · 侵害必究　Printed in Taiwan

ISBN　978-957-32-9702-4
遠流博識網　http://www.ylib.com
E-mail：ylib@ylib.com
（如有缺頁或破損，請寄回更換）

FUKAI SHUCHU WO TORIMODOSE by Kazutaka Inoue
Copyright © 2021 Kazutaka Inoue
Chinese (in complexcharacter only) translation copyright ©2022 by Yuan-Liou Publishing Co.,Ltd. All rights reserved. Original Japanese language edition published by Diamond, Inc.
Chinese (in complexcharacter only) translation rights arranged with Diamond, Inc. through BARDON-CHINESE MEDIA AGENCY.

圖書館出版品預行編目 (CIP) 資料

找回深度專注力 : 43 個科學化技巧，使你 1 小時的價值，高過他人 1 萬倍 / 井上一鷹著 ; 汫玲譯 . -- 初版 . -- 臺北市 : 遠流出版事業股份有限公司 , 2022.08　面；　公分
譯自 : 深い集中を取り戻せ : 集中の超プロがたどり着いた、ハックより瞑想より大事なこと
ISBN　978-957-32-9702-4 (平裝)
1.CST: 注意力　2.CST: 成功法

176.32　　111012236